Reihe *leicht gemacht* ®

Herausgeber:
Dr. jur. Dr. jur. h.c. Helwig Hassenpflug
Richter Dr. Peter-Helge Hauptmann

Internationales Steuerrecht

leicht gemacht

Eine Einführung für Studium und Berufspraxis

3., überarbeitete Auflage

von
Professor Dr. Stephan Kudert
Europa-Universität Viadrina Frankfurt (Oder)

Ewald v. Kleist Verlag, Berlin

Besuchen Sie uns im Internet:
www.leicht-gemacht.de

Autoren und Verlag freuen sich über Ihre Anregungen

Umwelthinweis: Dieses Buch
wurde auf chlorfrei gebleichtem Papier gedruckt
Gestaltung: M. Haas, www.haas-satz.berlin; J. Ramminger
Druck & Verarbeitung: Druckerei Siepmann GmbH, Hamburg
leicht gemacht® ist ein eingetragenes Warenzeichen

© 2017 Ewald v. Kleist Verlag, Berlin

Inhalt

I. Inboundfälle ohne Abkommensrecht

Lektion 1: Wer, ob und wie? 9
Lektion 2: Dividenden, Zinsen und Lizenzzahlungen 16
Lektion 3: Gewerbliche Einkünfte 24
Lektion 4: Besteuerung der Impats 30

II. Outboundfälle ohne Abkommensrecht

Lektion 5: Verminderung oder Vermeidung der Doppelbesteuerung 37
Lektion 6: Sonderregeln für Dividenden und Zinsen........... 52
Lektion 7: Gewerbliche Einkünfte 56
Lektion 8: Besteuerung der Expats 62

III. Abkommensrecht

Lektion 9: Inhalt und Aufbau eines Doppelbesteuerungsabkommens 65
Lektion 10: Dividenden, Zinsen und Lizenzzahlungen 72
Lektion 11: Unternehmensgewinne 80
Lektion 12: Arbeitnehmerbesteuerung...................... 97
Lektion 13: Veräußerungsgewinne........................ 104
Lektion 14: Austritt aus der Steuerpflicht 111
Lektion 15: Treaty-Overrides............................ 122

IV. Europarecht

Lektion 16: Bedeutung des Europarechts für das Steuerrecht 136

V. Grundzüge der Hinzurechnungsbesteuerung

Lektion 17: Hinzurechnungsbesteuerung 152

Prolog. 7
Epilog. 157
Abkürzungen. 163
Sachregister. 165

Leitsätze · Übersichten

Übersicht 1	Zentrale Fragen für den Inboundfall...................	9
Leitsatz 1	Besteuerung der inländischen Einkünfte durch Veranlagung oder Steuerabzug.....................	14
Leitsatz 2	Besteuerung von Dividenden, Zinsen und Lizenzzahlungen im Inboundfall.....................	16
Leitsatz 3	Inländische Einkünfte aus Gewerbebetrieb.............	24
Leitsatz 4	Besteuerung von Impats...........................	30
Übersicht 2	Unilaterale Normen zur Vermeidung oder Verminderung der Doppelbesteuerung	38
Leitsatz 5	Die Anrechnung ausländischer Steuern................	39
Leitsatz 6	Die Anrechnung bei Kapitaleinkünften	52
Leitsatz 7	Betriebsstättenverluste ohne DBA und intransparente PersGes	56
Leitsatz 8	Der Auslandstätigkeitserlass (ATE)	62
Leitsatz 9	Prüfungsaufbau bei Sachverhalten mit Abkommensrecht..	66
Leitsatz 10	Dividenden, Zinsen und Lizenzzahlungen im Abkommensrecht..............................	72
Leitsatz 11	Unternehmensgewinne und Einkünfte aus unbeweglichem Vermögen	80
Leitsatz 12	Aktivitätsklauseln im Abkommensrecht	89
Leitsatz 13	Betriebsstättenverluste aus DBA-Staaten...............	92
Leitsatz 14	Arbeitnehmerbesteuerung im Abkommensrecht	97
Übersicht 3	Zuteilung des Besteuerungsrechts nach Art. 13 DBA D/PL bei Veräußerungen	104
Leitsatz 15	Sachverhalte, die eine Steuerentstrickung auslösen können	111
Leitsatz 16	Steuerliche Grundsätze bei internationalen Umstrukturierungen	121
Übersicht 4	Anwendungsbereiche der Treaty-Overrides in § 50d EStG .	122
Übersicht 5	Die Grundfreiheiten des Vertrags von Lissabon..........	137
Leitsatz 17	Stellenwert der EU-Richtlinien	143
Leitsatz 18	Zentraler Inhalt der Mutter-Tochter-Richtlinie und seine Transformation.................................	145
Leitsatz 19	Zentraler Inhalt der Zins- und Lizenz-Richtlinie und seine Transformation.................................	147
Leitsatz 20	Zentraler Inhalt der Anti-Tax-Avoidance-Directive.......	149
Leitsatz 21	Hinzurechnungsbesteuerung........................	153

Vorwort

Das Internationale Steuerrecht gehört zweifellos zu den spannendsten Gebieten des Steuerrechts. Zugleich ist es heutzutage für eine qualifizierte Steuerberatung in einer globalisierten Welt unerlässlich. Ob Oma Käthe ein paar Aktien eines finnischen Handyanbieters erwirbt, Norbert seinen Lebensabend auf Mallorca verbringen will, Martina aus Polen in Deutschland arbeitet oder ein deutscher Konzern eine Cashpoolinggesellschaft auf Zypern gegründet hat; immer sind die steuerlichen Konsequenzen und Gestaltungsmöglichkeiten zu berücksichtigen. Zugleich zeigt sich aber auch, dass das Internationale Steuerrecht in der Ausbildung oft noch immer nicht die Bedeutung erfährt, die ihm gebührt; sei es in der Hochschulausbildung oder im Steuerberaterexamen.

Mich begeistert dieses Fachgebiet. Meine Professur an der Europa-Universität Viadrina bietet mir die Möglichkeit, mich in Forschung und Lehre auf Gestaltungen im Internationalen Steuerrecht zu spezialisieren. Meine Tätigkeiten als Wissenschaftlicher Leiter des Deutschen Wissenschaftlichen Instituts der Steuerberater und der Bundessteuerberaterkammer für die Ausbildung im Internationalen Steuerrecht zeigen mir, wie wichtig dieses Themengebiet in der Steuerberatungspraxis ist.

Das Zusammenspiel verschiedener nationaler Normen mit Abkommens- und Europarecht zu verstehen, stellt gewiss eine beachtliche Herausforderung dar. Es lohnt sich aber, sich dieser Herausforderung zu stellen. Ich hoffe, dass es mir gelingt, Ihnen mit diesem Buch nicht nur den Einstieg in die Materie zu erleichtern, sondern bei dem einen oder anderen Leser die Begeisterung zu wecken, die ich für das Internationale Steuerrecht empfinde. Das Buch ist didaktisch so aufgebaut, dass es Einsteigern im Studium oder Beruf, aber ebenso Fachleuten, die sich auf das Steuerberaterexamen oder einen Lehrgang zum Fachberater für Internationales Steuerrecht vorbereiten, eine Hilfestellung geben soll. Ob dies gelingt, müssen Sie selbst entscheiden. Für Lob, Kritik, Hinweise auf Fehler oder Verbesserungsvorschläge bin ich dankbar.

Meinem Kollegen Adrian Cloer danke ich für manche Anregung und fruchtbare Diskussion, meinen wissenschaftlichen Mitarbeiterinnen und Mitarbeitern für die technischen Hilfestellungen, dem Verlag, namentlich Helwig Hassenpflug, für die – wie immer – reibungslose und harmonische Zusammenarbeit.

Univ.-Prof. Dr. Stephan Kudert

Prolog: Ein paar wirklich wichtige Hinweise

Gegenstand des Internationalen Steuerrechts ist nicht die Darstellung der Steuersysteme anderer Staaten. In diesem Fall würde man eher von ausländischem Steuerrecht oder vergleichendem Steuerrecht sprechen. Es geht vielmehr um die Steuerwirkungen in Deutschland bei grenzüberschreitenden wirtschaftlichen Aktivitäten aufgrund des deutschen Internationalen Steuerrechts. Deutsches Steuerrecht, weil es sich zunächst um innerstaatliche, d.h. deutsche (unilaterale) Rechtsvorschriften handelt, die dann mit bilateralen (Abkommensrecht) und supranationalen (EU-Recht) Normen zusammenspielen. International, weil es sich um grenzüberschreitende Sachverhalte handelt. Dabei gibt es zwei Zielrichtungen: Zum einen werden Steuerinländer (unbeschränkt Steuerpflichtige) mit Auslandsaktivitäten (Outboundfälle), zum anderen Steuerausländer (beschränkt Steuerpflichtige) mit Inlandsaktivitäten (Inboundfälle) betrachtet. Wie Ihnen bekannt ist, unterliegen Steuerinländer der unbeschränkten Steuerpflicht (§ 1 Abs. 1 EStG bzw. § 1 Abs. 1 KStG) mit der Folge, dass ihr Welteinkommen in Deutschland besteuert wird (Welteinkommensprinzip). Beschränkt Steuerpflichtige (§ 1 Abs. 4 EStG bzw. § 2 Nr. 1 KStG) werden in Deutschland nur mit ihren inländischen Einkünften i.S.d. § 49 EStG besteuert (Territorialprinzip).

Die Protagonisten der folgenden Fälle sind Dieter und Doris, Laila und Lahbib, Paula und Pawel sowie Anton und Annemarie.

▶ Dieter und Doris leben in Berlin (Deutschland) und sind hier unbeschränkt steuerpflichtig.

▶ Laila und Lahbib leben in Tripolis (Libyen); sie wurden ausgewählt, weil zwischen Deutschland und Libyen kein Doppelbesteuerungsabkommen (DBA) existiert.

▶ Paula und Pawel leben in Posen (Polen); mit Polen hat Deutschland ein DBA abgeschlossen, das sich sehr stark am OECD-Musterabkommen (OECD-MA) orientiert und daher didaktisch sehr gut für den Einstieg geeignet ist.

▶ Und, Sie können es sich fast denken, Annemarie und Anton leben in Strobl, kommen also aus Österreich; einem Land mit dem

Deutschland ein DBA abgeschlossen hat, das ein paar Spezialitäten aufweist.

Dieses Buch ist nicht als Lehrbuch, sondern als Lernbuch konzipiert. Es ist vielleicht nett, das Buch nur mit leichter Hand und flinkem Auge durchzulesen. Besser wäre es, sich die Themen zu erarbeiten, indem Sie die Rechtsnormen und Meinungsäußerungen der Finanzverwaltung, auf die Bezug genommen wird, nachlesen. Diese Materialien sind für die Arbeit mit diesem Buch unerlässlich und erhöhen den Lernerfolg erheblich. Um Ihnen den beschwerlichen Einstieg etwas zu erleichtern, steht Ihnen unter

http://www.wiwi.europa-uni.de/de/lehrstuhl/fact/steuern/forschung/Int_-StR-leicht-gemacht---Materialsammlung/index.html

eine Materialsammlung mit den notwendigen Verwaltungserlassen, DBA und EU-Richtlinien kostenlos als Download zur Verfügung. Dort finden Sie auch eine Ergänzung, die Material zum Internationalen Steuerrecht enthält, auf das in diesem Buch zwar Bezug genommen wird, das man dafür aber nicht genauer studieren muss.

Zudem enthält das Lernbuch einige Merk- und Leitsätze. Sie sind besonders hervorgehoben.

Merksatz:

Gelegentlich werden wichtige Informationen schlicht überlesen. Textstellen, bei denen dies keinesfalls geschehen sollte, sind mit dieser Kennung markiert. Diese Hinweise sollten also sehr **bewusst zur Kenntnis** genommen werden.

Leitsatz:

Leitsatz

Die Leitsätze sind durch Ausrufezeichen markiert.

Sie sind der Extrakt einer Lektion und sollten daher **besonders intensiv** zur Kenntnis genommen und verstanden werden. Gleiches gilt für die Übersichten.

I. Inboundfälle ohne Abkommensrecht

Lektion 1: Wer, ob und wie?

Ziel der Lektion 1 ist, ein Verständnis dafür zu entwickeln, wie die Lösung eines Inboundfalls systematisch zu strukturieren ist, welche Fragen dabei zu beantworten und welche Rechtsnormen von zentraler Bedeutung sind. Wie bei jeder der folgenden Lektionen werden Sie durch Leitsätze oder zusammenfassende Übersichten durch die Fälle geführt.

Übersicht 1: Zentrale Fragen für den Inboundfall

Für den Inboundfall sind folgende Fragen zentral:	Hierbei sind zu prüfen:
Wer ist der Steuerpflichtige?	Bei Gesellschaften ggf. Tabellen 1 und 2 zum BS-Erlass; ggf. erst danach das LLC-Schreiben.
Könnte er **unbeschränkt steuerpflichtig** sein?	§ 1 Abs. 4 EStG versus §§ 8 und 9 AO oder § 2 Abs. 1 KStG versus §§ 10 und 11 AO.
Hat er **inländische** Einkünfte erzielt?	Erst Einkunftsart (§§ 13 – 23 EStG) bestimmen; dann § 49 Abs. 1 EStG (ggf. Abs. 2) anwenden.
Wie wird besteuert?	Grds. Veranlagung nach § 50 Abs. 1 EStG. Ausnahmen in § 50 Abs. 2 S. 1 (LoSt, KESt und § 50a EStG), dann Abgeltung; ggf. Rückausnahmen in § 50 Abs. 2 S. 2 EStG. Für KapGes § 32 Abs. 1 S. 2 KStG beachten.

Um Ihnen die richtigen Fragen zu verdeutlichen und einen ersten Eindruck von den zentralen Rechtsnormen für den Inboundfall zu vermitteln, soll Fall 1 dienen.

1 Wer ist eigentlich der beschränkt Steuerpflichtige?

▌ Fall 1
Grundfall zur beschränkten Steuerpflicht

Laila und Lahbib leben in Libyen. Gemeinsam haben sie dort ein Unternehmen gegründet. Laut Gesellschaftsvertrag sind beide Gesellschafter vollhaftend und zur gemeinsamen Geschäftsführung befugt. Gewinne werden bei Entstehung den Gesellschaftern zugerechnet. Tritt ein Gesellschafter aus, wird das Unternehmen aufgelöst.

Das Unternehmen betreibt in Libyen (Stammhaus) eine Gartenzwergproduktion. Um ihren Absatzmarkt auszuweiten, haben sie in Berlin eine Verkaufsstelle aufgebaut. Laila kümmert sich gelegentlich um den dortigen Absatz in Deutschland. Wenn sie „vor Ort" ist, wohnt sie bei ihrer Freundin Doris, die sie noch aus gemeinsamen Studienzeiten an der Europa-Universität Viadrina kennt.

Lahbib hat aufgrund eines Justizirrtums drei Monate in der Justizvollzugsanstalt (JVA) Berlin Moabit in Untersuchungshaft verbracht. Aus Verzweiflung hat er dort einen Selbstmordversuch unternommen, der durch glückliche Umstände gescheitert ist. Die anschließenden ärztlichen Behandlungskosten musste er selbst tragen, weil seine libysche Krankenversicherung sie nicht übernommen hat.

Wer zahlt wie Steuern in Deutschland?

Dieser scheinbar einfache Fall wirft eine Reihe von Fragen auf, die beantwortet werden müssen, um ihn klausurmäßig zu lösen. Daher nehmen wir uns für ihn etwas Zeit ...

▶ Die erste Frage lautet: Wer sind eigentlich die Steuerpflichtigen?

Wenn Sie nun denken, dass dies selbstverständlich Laila und Lahbib seien, könnten Sie bereits am Anfang falsch abbiegen. Denn wenn das libysche Unternehmen eine Kapitalgesellschaft (KapGes) wäre, ist diese das Steuersubjekt. Ist es hingegen eine Personengesellschaft (PersGes), die von Deutschland transparent (durchsichtig) behandelt wird, sind Laila und Lahbib selbst die Steuersubjekte. Es kommt also darauf an.

„Das fängt ja super an!" werden Sie nun sagen, „Woher soll ich wissen, ob das libysche Unternehmen eine PersGes oder KapGes ist?".

Stimmt auch wieder. Aber die deutsche Finanzverwaltung hilft Ihnen etwas. Zunächst muss klar sein, dass sich ein deutscher Finanzbeamter nicht einfach vom ausländischen Gesellschaftsrecht vorschreiben lässt, ob er das Unternehmen als PersGes oder KapGes zu behandeln hat. Diese Frage wird allein durch die deutsche Brille, durch einen sog. **Rechtstypenvergleich**, entschieden. In den Tabellen 1 und 2 zum Betriebsstättenerlass (bitte nachschlagen) hat das BMF zwei Listen mit ausländischen Gesellschaften veröffentlicht, für die die Finanzverwaltung bereits eine Einordnung als PersGes oder KapGes vorgenommen hat. Leider ist unser libysches Unternehmen nicht dabei. Für diesen Fall hat das BMF das sog. **LLC-Schreiben** (BMF-Schreiben vom 19.03.2004, BStBl. I 2004, S. 411) veröffentlicht. Dieses Schreiben wird auf alle ausländischen Gesellschaften angewendet, die nicht bereits in den Tabellen 1 und 2 zum Betriebsstättenerlass enthalten sind. Dieser Rechtstypenvergleich basiert übrigens auf einer alten Rechtsprechung des Reichsfinanzhofs vom 12.02.1930 (Venezuela-Urteil).

Aber warum heißt das Teil nun LLC-Schreiben?

Die **Limited Liability Company (LLC)** ist eine US-amerikanische Rechtsform, bei der eine sehr große gesellschaftsrechtliche Gestaltungsfreiheit besteht. Das heißt, sie kann im Einzelfall, je nachdem wie der **Gesellschaftsvertrag** gestrickt wird, eher wie eine PersGes oder wie eine KapGes gestaltet werden. Die amerikanische Finanzverwaltung macht es sich bei der steuerlichen Einordnung durch das **Check-the-Box-Verfahren** sehr einfach. Sie lässt die Gesellschafter entscheiden, ob sie eine Besteuerung als PersGes oder als KapGes wünschen!

Daran ist aber die deutsche Finanzverwaltung nicht gebunden. Sie hat im LLC-Schreiben (vgl. dort Tz. IV.) einen **Katalog mit acht Kriterien** (davon sind aber nur die ersten fünf wirklich wichtig) formuliert, anhand derer die Einordnung vorgenommen wird. Man vergleicht also das Gebilde mit einer typischen deutschen PersGes und KapGes und zählt ab, für welche Einordnung mehr Merkmale sprechen (**Rechtstypenvergleich**).

Wenn Sie den Rechtstypenvergleich für Fall 1 vornehmen, stellt sich heraus, dass das Unternehmen eher einer PersGes (hier: OHG) entspricht als einer KapGes. Damit sind Laila und Lahbib die Steuersubjekte und wir kommen zu Frage 2:

▶ Sind die Steuersubjekte unbeschränkt oder beschränkt steuerpflichtig in Deutschland?

Eine unbeschränkte Steuerpflicht läge gem. § 1 Abs. 1 S. 1 EStG vor, wenn der Steuerpflichtige einen Wohnsitz i.S.v. § 8 AO oder seinen gewöhnlichen Aufenthalt i.S.v. § 9 AO in Deutschland hätte.

Der gewöhnliche Aufenthalt ist bei Lahbib eher auszuschließen. Zwar hält er sich in Berlin hinter Schwedischen Gardinen auf; aber eben nur drei Monate. Und dieser private Anlass reicht nicht dafür aus, dass § 9 AO greift. Allerdings hat er im Gefängnis eine Bleibe. Diese hat er aber nicht inne (gemeint ist: Verfügungs- bzw. Schlüsselgewalt). Und es ist auch nicht damit zu rechnen, dass er diese beibehalten will. Daher ist auch § 8 AO nicht einschlägig. Lahbib ist damit nicht unbeschränkt steuerpflichtig in Deutschland.

Laila hat ihren gewöhnlichen Aufenthalt offensichtlich auch nicht in Deutschland, denn sie ist nur „gelegentlich" in Deutschland. Sie könnte jedoch einen Wohnsitz in Deutschland haben, wenn sie die Wohnung in Berlin innehaben und beibehalten würde. Das Innehaben ist auch hier das zentrale Tatbestandsmerkmal. Wenn Laila von ihrer Freundin in deren Wohnung lediglich geduldet wird, Laila also keine echte Verfügungsmacht über die Wohnung hat, liegt auch kein Wohnsitz vor. Wenn Doris sie, z.B. anlässlich eines netten Streits, jederzeit aus der Wohnung entfernen dürfte, liegt ein Innehaben eher nicht vor. Davon ist in Fall 1 auszugehen. Anders wäre es, wenn sie etwa über eigene Räumlichkeiten in der Wohnung (z.B. ein Schlaf- und Arbeitszimmer) verfügen könnte, einen eigenen Wohnungsschlüssel hätte und die Nutzung durch einen mündlichen oder schriftlichen Vertrag geregelt wäre. Das ist hier aber nicht der Fall.

▶ Damit sind Laila und Lahbib nicht unbeschränkt steuerpflichtig in Deutschland, sondern gem. § 1 Abs. 4 EStG beschränkt steuerpflichtig, sofern und soweit sie inländische Einkünfte erzielen.

2 Liegen inländische Einkünfte vor?

▶ Damit sind wir bei der dritten Frage: Haben Laila und Lahbib überhaupt inländische Einkünfte erzielt?

§ 49 Abs. 1 EStG definiert, bei welchen Einkunftsarten unter welchen Bedingungen inländische Einkünfte i.S.v. § 1 Abs. 4 EStG vorliegen. Aus vorstehendem Satz ergibt sich, dass ein (wichtiger!) Zwischenschritt eingelegt werden muss. Zunächst ist zu klären, welche Einkunftsart überhaupt relevant ist. Diese sind in den §§ 13 bis 23 EStG definiert. Vorliegend sind es Einkünfte aus Gewerbebetrieb (EaGB) i.S.v. § 15 Abs. 2 i.V.m. Abs. 1 S. 1 Nr. 2 EStG (Gartenzwergproduktion). Daraus folgt wiederum, dass in § 49 Abs. 1 EStG die Nr. 2 anzusteuern ist. Die Nr. 2 besteht zwar aus einer Vielzahl von Buchstaben; zentral ist aber der Buchstabe a). Sofern eine Betriebsstätte in Deutschland existiert und die gewerblichen Einkünfte dieser Betriebsstätte zuzurechnen sind, liegen auch inländische Einkünfte vor. Ob die Verkaufsstelle eine Betriebstätte ist, ergibt sich aus § 12 AO. In Satz 1 wird der Begriff zunächst leidlich präzise definiert; in Satz 2 werden Beispiele genannt. Die Verkaufsstelle ist gem. § 12 S. 2 Nr. 6 AO eine Betriebsstätte. Also haben beide inländische Einkünfte, mit denen sie der beschränkten Steuerpflicht unterliegen.

3 Wie wird besteuert?

▶ Damit sind das Wer? und das Ob? geklärt. Es verbleibt die Frage nach dem Wie?

Diese Frage beantwortet § 50 EStG. Dabei trifft der Gesetzgeber aus Sorge darum, dass sich der Steuerpflichtige seiner Steuerzahlung entziehen könnte, eine grundsätzliche Unterscheidung: Wenn er zur Not auf Wirtschaftsgüter des Steuerpflichtigen im Inland zugreifen (also vollstrecken) kann, muss er sich um sein Steueraufkommen wenig Sorgen machen. Er kann daher darauf warten, dass der Steuerpflichtige eine Steuererklärung abgibt (Veranlagung). Hat er hingegen Sorge, dass der Steuerausländer seinen Pflichten nicht nachkommen könnte, möchte er, dass die Besteuerung bereits an der Quelle, also beim Schuldner, erfolgt (Steuerabzug).

Leitsatz 1

Besteuerung der inländischen Einkünfte durch Veranlagung oder Steuerabzug

§ 50 Abs. 2 S. 1 EStG nennt (genau) **drei Fälle**, in denen die Steuerpflicht durch eine QuSt (Steuerabzug durch den Schuldner) abgegolten ist. Dies sind:

– **Arbeitnehmer**, für die vom Arbeitgeber LoSt einzubehalten ist

– **Kapitaleinkünfte**, für die die Zahlstelle (der Schuldner) KESt einbehält und

– die in **§ 50a EStG** genannten Fälle

In allen anderen Fällen kommt es zur Veranlagung nach § 50 Abs. 1 EStG.

Bevor wir mit unserem Fall 1 weitermachen, soll zur Verdeutlichung Fall 2 dienen.

Fall 2
Abgeltung der Steuerpflicht durch Steuerabzug

Lahbib ist auch ein begnadeter Sänger. Anlässlich eines Stadtteilfestes in Kreuzberg gibt er ein Konzert in Deutschland. Mit dem Veranstalter hat er ein Honorar i.H.v. 2.000 € ausgehandelt. Seine Betriebsausgaben (Logistik, Equipment) betragen 1.000 €. Sie sind durch das Honorar mit abgegolten. Prüfen Sie, ob und wie Lahbib in Deutschland ESt zahlt.

Lahbib ist nach den §§ 1 Abs. 4 i.V.m. 49 Abs. 1 Nr. 2 lit. d) EStG oder i.V.m. § 49 Abs. 1 Nr. 3 EStG (je nach künstlerischem Niveau gewerblich gem. § 15 EStG oder freiberuflich i.S.v. § 18 EStG) in Deutschland beschränkt einkommensteuerpflichtig. Die Steuerpflicht ist wegen § 50 Abs. 2 S. 1 i.V.m. § 50a Abs. 1 Nr. 1 und Abs. 2 S. 1 Hs. 1 EStG durch einen Quellenabzug i.H.v. 15 % der Einnahmen (!) abgegolten. Er zahlt also 300 € ESt (SolZ wird gem. § 3 SolZG wegen der geringen Bemessungsgrundlage nicht erhoben). Diese QuSt muss der Konzertveranstalter einbehalten und an das Finanzamt abführen. Unterlässt er den Einbehalt, haftet er für die Steuer.

Noch immer Fall 2

Lahbib schäumt. „Das sind ja effektiv 30 % ESt; für das bisschen Honorar. Und was ist mit dem Grundfreibetrag?"

Lahbib sollte sich entspannen. Andere Künstler haben schon erheblich mehr, z.T. über 100 %, ESt in Deutschland bezahlen dürfen. Betrügen etwa seine Betriebsausgaben 1.700 €, würde die Bruttobesteuerung zu einem effektiven Einkommensteuersatz von 100 % führen! Lediglich EWR-Bürger, die auch im EWR wohnen (doppelter EWR-Bezug), können ihre Betriebsausgaben bzw. Werbungskosten abziehen. Dafür müssen sie dann aber auch einen Steuersatz i.H.v. 30 % anwenden (vgl. § 50a Abs. 3 S. 4 EStG). Und den Grundfreibetrag kann er knicken, weil er nicht in die Veranlagung kommt und selbst dann § 50 Abs. 1 S. 2 EStG greifen würde.

Der Europäische Wirtschaftsraum (EWR) umfasst zurzeit die EU-Staaten sowie Island, Liechtenstein und Norwegen.

Zurück zu Fall 1

Da die gewerblichen Einkünfte von Laila und Lahbib nicht unter den Abzug nach § 50 Abs. 2 S. 1 EStG fallen, werden sie nach § 50 Abs. 1 EStG veranlagt. § 50 Abs. 1 S. 2 EStG würde ihnen jedoch den Grundfreibetrag nicht gewähren. Während unbeschränkt Steuerpflichtige neben Betriebsausgaben und Werbungskosten z.B. auch Sonderausgaben und außergewöhnliche Belastungen, ggf. auch den Splittingtarif in Anspruch nehmen können, hält § 50 EStG selbst für beschränkt Steuerpflichtige, die in die Veranlagung kommen, eine Reihe von Sondervorschriften parat. So bestimmt § 50 Abs. 1 S. 3 EStG, dass diese Vorteile für beschränkt Steuerpflichtige nicht bzw. nur sehr begrenzt gelten. Darüber hinaus verlangt § 50 Abs. 1 S. 2 EStG, dass der Grundfreibetrag der ESt nicht in Anspruch genommen werden darf, soweit keine Einkünfte aus nichtselbständiger Arbeit (EanA) i.S.v. § 49 Abs. 1 Nr. 4 EStG vorliegen.

Damit ist auch die Frage geklärt, ob Lahbib seine außergewöhnlichen Belastungen aus Fall 1 in Deutschland geltend machen kann. Lahbib wird zwar wegen § 50 Abs. 1 EStG veranlagt, darf aber als beschränkt Steuerpflichtiger dennoch keine außergewöhnlichen Belastungen i.S.v. § 33 EStG geltend machen.

Lektion 2: Dividenden, Zinsen und Lizenzzahlungen

Ziel der Lektion 2 ist, Ihnen zu vermitteln, unter welchen Voraussetzungen Dividenden, Zinsen und Lizenzzahlungen an einen Steuerausländer inländische Einkünfte darstellen und welche Bedeutung dabei die isolierende Betrachtungsweise hat.

Leitsatz 2

Besteuerung von Dividenden, Zinsen und Lizenzzahlungen im Inboundfall

Erzielt ein Steuerausländer Dividenden i.S.v. § 20 Abs. 1 Nr. 1 EStG, Zinsen i.S.v. § 20 Abs. 1 Nr. 7 EStG oder Lizenzeinnahmen i.S.v. § 21 Abs. 1 Nr. 3 EStG, unterliegt er damit in den engen Grenzen des § 49 Abs. 1 Nr. 5 bzw. Nr. 6 EStG der beschränkten Steuerpflicht. Insbesondere ist zu beachten:

- **Dividenden** sind nur inländische Einkünfte, sofern die auszahlende KapGes **Sitz und/oder Geschäftsleitung** in Deutschland hat.
- **Zinsen** sind i.d.R. nur bei inländischer **dinglicher Sicherung** inländische Einkünfte. Ein inländischer Schuldner ist nicht erforderlich.
- **Lizenzzahlungen** für Rechte stellen i.d.R. nur dann inländische Einkünfte dar, wenn sie in Deutschland **verwertet** werden.

Erzielt der Steuerausländer Dividenden, Zinsen oder Lizenzzahlungen im Rahmen einer Gewinneinkunftsart und können sie deshalb mangels deutscher Betriebsstätte nicht besteuert werden, ist die isolierende Betrachtungsweise (§ 49 Abs. 2 EStG) anzuwenden.

Bei Dividenden und Zinsen (KESt und SolZ) sowie Lizenzzahlungen (§ 50a Abs. 1 Nr. 3 EStG) ist i.d.R. die Steuerpflicht wegen § 50 Abs. 2 S. 1 EStG durch den QuSt-Einbehalt abgegolten (für KapGes gilt § 32 Abs. 1 Nr. 2 KStG). Unterlässt der Schuldner der Vergütung den Steuereinbehalt, haftet er für die Steuerschulden.

1 Dividenden im Inboundfall

1.1 Beteiligungen im Betriebs- und Privatvermögen

Fall 3
Dividenden an natürliche und juristische Personen

Die Berliner D AG produziert Babywindeln. Laila und eine libysche KapGes sind an der AG mit jeweils 50 % beteiligt. Laila und die KapGes halten ihre Beteiligungen im Privatvermögen. Die AG schüttet Dividenden aus. Wie werden diese in Deutschland besteuert?

> Eine **ausländische KapGes** hat nicht automatisch immer Einkünfte aus Gewerbebetrieb, sondern kann, wie eine natürliche Person, Einkünfte aus allen sieben Einkunftsarten erzielen, denn § 8 Abs. 2 KStG gilt nur für unbeschränkt Steuerpflichtige. Ebenso kann sie deshalb nicht nur Betriebsvermögen, sondern auch Privatvermögen besitzen.

Laila und die KapGes sind mit ihren Dividenden beschränkt steuerpflichtig in Deutschland; Laila über die §§ 1 Abs. 4 EStG, 49 Abs. 1 Nr. 5 lit. a) EStG i.V.m. § 20 Abs. 1 Nr. 1 EStG und die KapGes über § 2 Nr. 1 KStG i.V.m. § 8 Abs. 1 KStG und § 49 Abs. 1 Nr. 5 lit. a) EStG i.V.m. § 20 Abs. 1 Nr. 1 EStG. Diese Paragrafenkette sollte bei Ihnen bereits sitzen!

Die D AG wird bei der Dividendenausschüttung einen QuSt-Abzug i.H.v. 25 % auf den Bruttobetrag plus SolZ vornehmen (§§ 43 Abs. 1 S. 1 Nr. 1, 43a Abs. 1 S. 1 Nr. 1 EStG). Die Besteuerung ist für Laila wegen § 50 Abs. 2 S. 1 EStG grundsätzlich durch den KESt-Abzug abgegolten.

Der QuSt-Abzug hat auch für die KapGes Abgeltungswirkung (§ 32 Abs. 1 Nr. 2 KStG), es kommt nicht zur Veranlagung und somit auch nicht zur Anwendung des § 8b Abs. 1 KStG. Die libysche KapGes kann aber, wenn sie keine bloße Briefkastengesellschaft ist, gem. § 44a Abs. 9 EStG i.V.m. § 50d Abs. 1 EStG eine Ermäßigung der QuSt von 25 % auf 15 % beantragen. Der Gesetzgeber hält diese Ermäßigung (sog. ²/₅-Regel) für angemessen, weil der KSt-Satz gem. § 23 Abs. 1 KStG auch nur 15% beträgt.

1.2 Exkurs: Die isolierende Betrachtungsweise

Fall 4
Dividenden und isolierende Betrachtungsweise

Die libysche Babywindel Ltd. (KapGes) produziert in Tripolis Babywindeln. Gesellschafter sind eine libysche KapGes, die mit Babyartikeln handelt, und Lahbib. Da Dieter aus Berlin in der Branche sehr erfahren ist, wird er als alleiniger Geschäftsführer der Ltd. eingestellt. Wie werden die Dividenden, die die Ltd. an ihre Gesellschafter ausschüttet, in Deutschland behandelt? Unterscheiden Sie dabei, ob Dieter die Geschäfte von Deutschland aus leitet oder dafür regelmäßig nach Tripolis fliegt.

Die Gesellschafter wären mit ihren Dividenden nur dann nach § 1 Abs. 4 EStG bzw. § 2 Nr. 1 KStG beschränkt steuerpflichtig in Deutschland, wenn sie inländische Einkünfte i.S.v. § 49 EStG erzielten. Für Lahbib wäre § 49 Abs. 1 Nr. 5 lit. a) EStG i.V.m. § 20 Abs. 1 Nr. 1 EStG einschlägig. Hierfür muss die Ltd. aber ihren Sitz oder ihre Geschäftsleitung in Deutschland haben. Der Ort der Geschäftsleitung einer KapGes befindet sich dort, wo die zentralen Entscheidungen des Tagesgeschäfts gefällt werden. Dieter ist der alleinige Geschäftsführer. Es kommt also für die Dividendenbesteuerung darauf an, ob er die Geschäfte von Deutschland oder von Libyen aus führt. Nur im erstgenannten Fall wären die Tatbestandsvoraussetzungen erfüllt und die Dividenden sind in Deutschland zu besteuern. Wenn Dieter die Geschäftsführung von Deutschland aus betreibt, hat die Ltd. sogar eine Geschäftsleitungsbetriebsstätte in Deutschland (vgl. § 12 S. 2 Nr. 1 AO). Die Steuerpflicht bezüglich der Dividende ist wegen § 50 Abs. 2 S. 1 EStG mit dem Einbehalt der KESt und des SolZ abgegolten.

Für die Dividenden an die KapGes ist zu beachten, dass die Beteiligung notwendiges Betriebsvermögen ist. Die KapGes erzielt damit EaGB. Damit wäre nicht § 49 Abs. 1 Nr. 5 lit. a), sondern § 49 Abs. 1 Nr. 2 lit. a) EStG einschlägig. Allerdings unterhält die KapGes in Deutschland keine Betriebsstätte, der die Dividenden zurechenbar sind. Daher wären sie nicht steuerbar. Dieser Absatz ist wichtig. Bitte nochmals lesen.

Allerdings hat die Finanzverwaltung noch einen Joker im Ärmel. Dieser befindet sich in § 49 Abs. 2 EStG. In eine einigermaßen verständliche Sprache übersetzt, besagt die Norm, dass sich die Finanzverwaltung, wenn sie nicht besteuern kann, einfach ein im Ausland vorliegendes Merkmal wegdenken und dann § 49 Abs. 1 EStG nochmals prüfen kann! Man nennt diese Norm die isolierende Betrachtungsweise.

Und so wendet die Finanzverwaltung die isolierende Betrachtungsweise (§ 49 Abs. 2 EStG) an, indem sie sich wegdenkt, dass die KapGes gewerblich tätig ist und die Beteiligung im Betriebsvermögen liegt. Damit hat sie nunmehr nur noch Privatvermögen und erzielt durch die Dividende Einkünfte aus Kapitalvermögen. Dann erfasst die Finanzverwaltung die Dividenden doch noch über § 49 Abs. 1 Nr. 5 lit. a) EStG i.V.m. § 20 Abs. 1 Nr. 1 EStG. Mit dem Abzug der KESt und dem SolZ ist die Steuerpflicht gem. § 32 Abs. 1 Nr. 2 KStG (korrespondierende Vorschrift zu § 50 Abs. 2 S. 1 EStG) abgegolten. Ist das nicht genial?

Die libysche KapGes kann aber wieder gem. § 44a Abs. 9 EStG i.V.m. § 50d Abs. 1 EStG eine Ermäßigung der QuSt von 25% auf 15% beantragen (2/5-Regel).

> Wenn keine inländischen Einkünfte nach § 49 Abs. 1 EStG vorliegen, kann die Finanzverwaltung sich gem. § 49 Abs. 2 EStG ein **ausländisches Besteuerungsmerkmal wegdenken** und es dann nochmals mit § 49 Abs. 1 EStG versuchen. Dies ist die sog. **isolierende Betrachtungsweise**.

1.3 Die stille Gesellschaft

Fall 5
Die GmbH & Still

Diesmal ist Lahbib zu 100% an der D GmbH aus Berlin beteiligt. Außerdem hält er an der GmbH auch noch eine stille Beteiligung (sog. GmbH & Still), aus der er regelmäßig eine nette Vergütung erhält.

Wie wird diese Vergütung in Deutschland steuerlich behandelt?

Zunächst ist Lahbib gem. § 1 Abs. 4 EStG wieder nur beschränkt steuerpflichtig in Deutschland, sofern er inländische Einkünfte i.S.v. § 49 EStG erzielt. Um in § 49 die richtige Hausnummer ansteuern zu können, muss man zunächst wissen, welche Einkunftsart vorliegt. Hält er eine **typisch stille Beteiligung**, liegen Einkünfte aus Kapitalvermögen (EaKV) gem. § 20 Abs. 1 Nr. 4 EStG vor; ist es hingegen eine **atypisch stille Beteiligung**, bilden er und die GmbH eine Mitunternehmerschaft, aus der er EaGB nach § 15 Abs. 1 S. 1 Nr. 2 S. 1 EStG erzielt.

Bei der atypisch stillen Beteiligung müssen folgerichtig inländische Einkünfte gem. § 49 Abs. 1 Nr. 2 lit. a) EStG vorliegen. Die erforderliche Betriebsstätte wird dem Stillen durch die GmbH vermittelt. In Tz. 2.2.1.2 des BMF-Schreibens vom 26.09.2014, BStBl. I 2014, S. 1258 Anwendung der Doppelbesteuerungsabkommen (DBA) auf Personengesellschaften (im Folgenden: **DBA-Anwendung auf PersGes**), das sich in Ihren Materialen befindet, die Sie sich längst kostenlos heruntergeladen haben (s. Prolog), wird dies explizit erklärt. Ist Lahbib als atypisch stiller Gesellschafter an einem inländischen Unternehmen beteiligt, z.B. GmbH & atypisch Still, ist eine tatsächlich bestehende Betriebsstätte der GmbH als **(anteilige) Betriebsstätte** des Stillen anzusehen. Und damit wird Lahbib gem. § 50 Abs. 1 EStG veranlagt.

Bei der **typisch stillen Beteiligung** würden hingegen inländische Einkünfte gem. § 49 Abs. 1 Nr. 5 lit. a) i.V.m. § 20 Abs. 1 Nr. 4 EStG vorliegen. Die Steuerpflicht wäre wegen § 50 Abs. 2 S. 1 EStG durch den Steuerabzug gem. § 43 Abs. 1 Nr. 3 EStG abgegolten.

2 Zinszahlungen im Inboundfall

Fall 6
Zinsen aus ungesicherten Darlehen

Doris aus Berlin ist zurzeit etwas klamm. Laila gewährt Doris daher ein ungesichertes Darlehen zu angemessenen Zinsen. Muss Laila die Zinsen in Deutschland versteuern?

Laila könnte wieder einmal gem. § 1 Abs. 4 EStG beschränkt einkommensteuerpflichtig mit ihren inländischen Einkünften nach § 49 EStG sein. Zinsen sind Kapitaleinkünfte i.S.v. § 20 Abs. 1 Nr. 7 EStG. Unter die inländischen Einkünfte fallen gem. § 49 Abs. 1 Nr. 5 EStG auch EaKV. Die Zinsen werden aber von § 49 Abs. 1 Nr. 5 lit. c) aa) S. 1 EStG nur dann in Deutschland erfasst, wenn ein deutscher Anknüpfungspunkt besteht. Anknüpfungspunkte sind insbesondere Sicherungen durch Eintragungen ins Grundbuch oder Schiffsregister. Dies ist hier nicht gegeben. Die Zinsen sind also in Deutschland nicht steuerbar. Auf den deutschen Schuldner kommt es nicht an.

■ Fall 7
Sicherung eines Auslandsdarlehens

Auch Lahbib ist zurzeit etwas klamm, weil er sich eine kleine Ferienwohnung in Berlin kaufen will. Laila gewährt ihm ein Darlehen zu angemessenen Zinsen. Aufgrund schlechter Erfahrungen lässt sie sich die Forderung sichern, indem Lahbib in das Grundbuch seiner Berliner Wohnung eine Grundschuld eintragen lässt. Muss Laila die Zinsen in Deutschland versteuern?

Und ob! Aufgrund der Sicherung liegen, anders als im vorhergehenden Fall, Zinsen gem. § 49 Abs. 1 Nr. 5 lit. c) sublit. aa) S. 1 EStG vor. Das scheint absurd, weil es sich hier um ein schuldrechtliches Geschäft zwischen zwei Steuerausländern handelt. Aber § 49 ist wie er ist. Es kommt nicht auf den inländischen Schuldner, sondern auf die inländische dingliche Sicherung an. Allerdings fällt wegen § 43 Abs. 1 S. 1 Nr. 7 lit. b) EStG keine KESt an. Damit greift auch nicht § 50 Abs. 2 S. 1 EStG und Laila wird mit ihren Zinsen veranlagt.

Übrigens taucht hier gelegentlich die Frage auf, ob die Finanzverwaltung überhaupt Wind von der Zinszahlung erhält. Aber Vorsicht: Zum einen läge ein Fall von Steuerhinterziehung vor, wenn die Zinsen in Deutschland nicht deklariert würden. Zum anderen wird die Grundbucheintragung der Grundschuld über einen deutschen Notar abgewickelt; und dieser teilt das der deutschen Finanzverwaltung mit.

■ Fall 8
Isolierende Betrachtungsweise bei Zinsen

Wie Fall 7, aber nicht Laila, sondern die libysche Bank of Arabia Ltd. gewährt Lahbib das Darlehen. Was ändert sich?

Die Bank könnte ebenfalls beschränkt steuerpflichtig, aber nach § 2 Nr. 1 KStG i.V.m. § 8 Abs. 1 KStG und § 49 Abs. 1 EStG, sein. Das Bankgewerbe ist das zweitälteste Gewerbe der Welt. Damit ist § 49 Abs. 1 Nr. 2 lit. a) EStG einschlägig. Da die Bank aber in Deutschland keine Betriebsstätte unterhält, sind die Voraussetzungen für eine Steuerpflicht in Deutschland nicht erfüllt.

Dieses Ergebnis kann die Finanzverwaltung nicht begeistern; es ist auch skurril, dass das privat gewährte Darlehen (Fall 7) besteuert wird und das Bankdarlehen nicht. Daher wird die Finanzverwaltung wieder ihren Joker, die isolierende Betrachtungsweise des § 49 Abs. 2 EStG, ziehen. Also denkt sie sich weg, dass die Bank gewerblich tätig ist. Damit mutiert es zu einem privaten Darlehen und die Besteuerungsfolgen sind dieselben wie im vorherigen Fall.

3 Lizenzzahlungen im Inboundfall

Fall 9
Lizenzzahlungen ins Privatvermögen

Lahbib hat eine geniale Idee für Verschlüsse von Babywindeln entwickelt und sich diese patentieren lassen. Gegen angemessene Lizenzzahlungen darf eine deutsche GmbH diese Verschlüsse bei ihren produzierten Babywindeln verwenden. Wie werden die Lizenzzahlungen in Deutschland besteuert?

Lahbib ist wieder einmal beschränkt steuerpflichtig nach § 1 Abs. 4 EStG mit seinen inländischen Einkünften i.S.v. § 49 EStG. Die Überlassung der Rechte ist reine Vermögensverwaltung und fällt unter § 21 Abs. 1 Nr. 3 EStG. Dieser führt zu § 49 Abs. 1 Nr. 6 EStG. Die Rechte werden in einer (nicht seiner!) deutschen Betriebsstätte verwertet. Daher hat Lahbib inländische Einkünfte erzielt. Die Besteuerung der Lizenzzahlungen erfolgt über § 50 Abs. 2 S. 1 i.V.m. § 50a Abs. 1 Nr. 3 EStG. Die abgeltende QuSt beträgt gem. § 50a Abs. 2 EStG 15 % der Einnahmen.

Abwandlung von **Fall 9**
Lizenzzahlungen ins Betriebsvermögen

Nicht Lahbib, sondern eine libysche Engineering Ltd., die sich auf die Entwicklung von innovativen Produktideen spezialisiert hat, überlässt die Rechte an die deutsche GmbH sowie noch an zehn andere Unternehmen; jeweils gegen Lizenzzahlungen. Wie erfolgt die Besteuerung in Deutschland?

Wenn die Ltd. die Rechte entwickelt und am Markt verwertet, ist der Schritt von der reinen Vermögensverwaltung zur **Gewerblichkeit** vollzogen, weil § 15 Abs. 2 EStG greift. Damit ist die Ltd. in Deutschland beschränkt steuerpflichtig gem. § 2 Nr. 1 i.V.m. § 8 Abs. 1 KStG, wenn sie inländische Einkünfte erzielt. In Frage käme § 49 Abs. 1 Nr. 2 lit. a) EStG. Allerdings fehlt es wieder einmal an der inländischen Betriebsstätte. Damit es nicht langweilig wird, zieht die Finanzverwaltung diesmal nicht ihren Joker (§ 49 Abs. 2 EStG), sondern wendet **§ 49 Abs. 1 Nr. lit. f) S. 1 EStG** an, der wegen § 49 Abs. 1 Nr. 2 lit. f) S. 2 EStG auch für KapGes gilt. Die Besteuerung der Lizenzzahlungen erfolgt diesmal, da der Empfänger eine KapGes ist, über § 32 Abs. 1 Nr. 2 KStG i.V.m. § 50a Abs. 1 Nr. 3 EStG mit 15% der Einnahmen.

Interessanterweise können **EWR-Bürger** nach § 50a Abs. 3 i.V.m. § 50a Abs. 1 Nrn. 1, 2 oder 4 EStG (aber **nicht Nr. 3!**) zur Nettobesteuerung, also mit Abzug der Betriebsausgaben oder Werbungskosten, optieren. Bei KapGes würde sich dabei wegen § 50a Abs. 3 S. 4 Nr. 2 nicht einmal der KSt-Satz erhöhen. Der BFH sieht die Verweigerung der Option in den Fällen der Nr. 3 als **europarechtswidrig** an und hat im BFH-Urteil vom 25.4.2012 (I R 76/10) entschieden, dass § 50a Abs. 3 EStG **entgegen dem Wortlaut** auch für die Nr. 3 gilt. Die Finanzverwaltung hat sich dieser Rechtsauffassung mit dem BMF-Schreiben vom 17.06.2014 (BStBl. I 2014, S. 1350) angeschlossen.

Lektion 3: Gewerbliche Einkünfte

Ziel dieser Lektion ist, zu erläutern, unter welchen Bedingungen EaGB inländische Einkünfte sind. Dabei gilt folgender Leitsatz:

> **Leitsatz 3**
>
> **Inländische Einkünfte aus Gewerbebetrieb**
>
> Einkünfte aus Gewerbebetrieb stellen grundsätzlich inländische Einkünfte dar, sofern im Inland eine **Betriebsstätte** unterhalten wird und die Einkünfte dieser Betriebsstätte funktional zurechenbar sind (§ 49 Abs. 1 Nr. 2 lit. a) EStG. Existiert keine Betriebsstätte, sind **hilfsweise** § 49 Abs. 1 Nr. 2 lit. f) oder Abs. 2 EStG zu prüfen.

1 Die PersGes vermittelt eine Betriebsstätte

Fall 10
PersGes ist eine Betriebsstätte

Laila betreibt gemeinsam mit Doris in Berlin eine OHG, die Gartenzwerge produziert und an Handelsketten in Deutschland veräußert. Besteuert Deutschland?

Dieser Fall ist dann einfach zu lösen, wenn man bedenkt, dass die PersGes selbst nicht Steuersubjekt ist, sondern steuerlich transparent behandelt wird. Nicht die PersGes ist Steuerpflichtiger, sondern die Gesellschafter selbst (§ 39 Abs. 2 Nr. 2 AO, § 15 Abs. 1 S. 1 Nr. 2 EStG). Die Prüfung der Steuerpflicht entspricht der im Fall 1. Laila ist gem. § 1 Abs. 4 EStG beschränkt steuerpflichtig in Deutschland, sofern sie inländische Einkünfte erzielt. Voraussetzung ist wiederum eine Betriebsstätte i.S.v. § 49 Abs. 1 Nr. 2 lit. a) EStG i.V.m. § 12 AO. Zivilrechtlich gesehen ist die OHG (als eigenständiger Träger von Rechten und Pflichten) Eigentümerin der Fabrikationsstätte. Ertragsteuerlich wird diese Betriebsstätte jedoch den Gesellschaftern zugerechnet, d.h. jeder Gesellschafter einer PersGes mit Betriebsstätte wird für Zwecke der ESt so behandelt, als verfüge er selbst über die Betriebsstätte. Einfacher ausgedrückt:

Die (originär gewerblich tätige) PersGes selbst ist die **Betriebsstätte der Mitunternehmer**.

Mit ihren Gewinnanteilen aus der OHG (Betriebsstätteneinkünfte) unterliegt Laila somit der beschränkten Einkommensteuerpflicht in Deutschland. Sie wird gem. § 50 Abs. 1 EStG mit ihren Betriebsstätteneinkünften in Deutschland veranlagt. Die OHG selbst ist gewerbesteuerpflichtig (§ 2 Abs. 1 GewStG).

Bei in Deutschland veranlagten beschränkt Steuerpflichtigen kann die anteilige GewSt gem. § 35 EStG auf ihre ESt angerechnet werden.

2 Die PersGes vermittelt keine Betriebsstätte

■ Fall 11
PersGes ist keine Betriebsstätte

Laila unterhält mit Doris in Berlin eine GbR, die lediglich eine Immobilie in Berlin vermietet. Wie besteuert Deutschland?

Auch hier wird die PersGes wieder transparent behandelt. Bei bloßer Vermögensverwaltung erzielt Laila aus ihrer Beteiligung an der GbR jedoch keine gewerblichen Einkünfte, sondern gem. § 39 Abs. 2 Nr. 2 AO **Einkünfte aus Vermietung und Verpachtung** (EaVV) i.S.v. § 21 Abs. 1 Nr. 1 EStG (bloße Vermögensverwaltung). Daher ist Laila beschränkt einkommensteuerpflichtig nach § 1 Abs. 4 i.V.m. § 49 Abs. 1 Nr. 6 EStG. Sie wird mit ihren inländischen Einkünften gem. § 50 Abs. 1 EStG veranlagt.

■ Fall 12
Gewerbliche Vermietung

Laila aus Libyen betreibt mit Pawel aus Polen eine polnische sp.k. Sp. z o.o. (GmbH & Co. KG), die lediglich eine Immobilie in Berlin verwaltet, welche der KG gehört. Laila und Pawel sind Kommanditisten, die Sp. z o.o. (entspricht einer GmbH) ist die Komplementärin und alleinige Geschäftsführerin; sie beauftragt eine Berliner Hausverwaltung mit der Verwaltung der Immobilie. Besteuert Deutschland die Einkünfte von Laila?

Gem. § 15 Abs. 3 Nr. 2 EStG liegt ungeachtet der bloßen vermögensverwaltenden Tätigkeit eine gewerbliche PersGes im Wege der Fiktion (gewerbliche Prägung) vor. Laila erzielt also EaGB i.S.v. § 15 Abs. 1 S. 1 Nr. 2, Abs. 3 Nr. 2 EStG. Fraglich ist, ob sie im Inland über eine Betriebsstätte verfügt. Zwar ist die Immobilie eine feste Geschäftseinrichtung, aber sie dient nicht der Tätigkeit ihres Unternehmens (möglicherweise des Mieters, aber dies ist hier nicht entscheidend). Somit ist § 49 Abs. Nr. 2 lit. a) EStG nicht einschlägig.

Es ist offensichtlich, dass eine engere Verknüpfung mit der deutschen Steuerrechtsordnung als durch deutschen Grund und Boden kaum vorstellbar ist. Während in der Vergangenheit dieses Problem über die isolierende Betrachtungsweise gelöst werden musste, wurde 2009 § 49 Abs. 1 Nr. 2 lit. f) EStG modifiziert. Demnach können gewerbliche Einkünfte durch die Vermietung inländischen Grundbesitzes auch ohne Bestehen einer Betriebsstätte besteuert werden. Laila wird nach § 50 Abs. 1 EStG veranlagt. GewSt fällt aber mangels Betriebsstätte nicht an.

Und nun noch ein wirklich netter Fall aus der Praxis:

▬ Fall 13
Grenzüberschreitende Betriebsaufspaltung

Lahbib ist zu 100 % an der deutschen D GmbH beteiligt, die Gartenzwerge produziert und verkauft. Der Betrieb der GmbH befindet sich auf einem Grundstück in Berlin, das Lahbib gehört. Hierfür zahlt ihm die GmbH eine angemessene Miete. Da die GmbH erfreuliche Gewinne erwirtschaftet, schüttet sie regelmäßig Dividenden aus. Wie werden die Miete und die Dividenden in Deutschland besteuert?

Lahbib ist nicht unbeschränkt steuerpflichtig in Deutschland, sondern beschränkt steuerpflichtig nach § 1 Abs. 4 EStG, sofern und soweit er inländische Einkünfte i.S.v. § 49 EStG erzielt. Grundsätzlich wären das Mieteinkünfte und Kapitaleinkünfte i.S.v. §§ 20 und 21 EStG.

Allerdings gehören ihm die GmbH und das Grundstück (personelle Verflechtung). Das Grundstück stellt für die GmbH eine wesentliche Betriebsgrundlage dar (sachliche Verflechtung). Damit liegt eine Betriebsaufspaltung vor. Die Betriebsaufspaltung führt dazu, dass die

Mieteinkünfte und auch die Dividenden zu gewerblichen Einkünften (§ 15 EStG) mutieren. Aus diesem Grund ist § 49 Abs. 1 Nr. 2 EStG einschlägig!

Allerdings hat Lahbib keine Betriebsstätte in Deutschland. Das Betriebsgrundstück ist zwar eine Betriebsstätte, aber eben nicht seine, sondern die der GmbH. Damit greift § 49 Abs. 1 Nr. 2 lit. a) nicht.

Um die gewerblichen Mieten (und später auch die Veräußerung) dennoch zu besteuern, wurde § 49 Abs. 1 Nr. 2 lit. f) EStG geschaffen. Lahbib erzielt also aus der Vermietung inländische gewerbliche Einkünfte, die der Veranlagung nach § 50 Abs. 1 EStG unterliegen.

Was passiert aber mit seinen Dividenden?

Läge keine Betriebsaufspaltung vor, hätte er normale Kapitaleinkünfte, die unter § 49 Abs. 1 Nr. 5 lit. a) i.V.m. § 20 Abs. 1 Nr. 1 EStG fallen würden. Durch die Betriebsaufspaltung werden sie aber über § 20 Abs. 8 EStG zu EaGB. Weil nun § 49 Abs. 1 Nr. 2 lit. a) bis f) EStG diese Dividenden nicht erfassen, scheint der Fiskus leer auszugehen.

Seine letzte Chance findet der Fiskus in § 49 Abs. 2 EStG. Er muss sich ein ausländisches Besteuerungsmerkmal wegdenken, um so aus der Gewerblichkeit herauszukommen und normale Kapitaleinkünfte zu besteuern.

Er könnte sich wegdenken, dass das Grundstück eine wesentliche Betriebsgrundlage ist. Das macht aber keinen Sinn, weil das Grundstück in Deutschland belegen ist und damit kein ausländisches Besteuerungsmerkmal darstellt. Ihm bleibt ein letzter Ausweg. Voraussetzung für die Betriebsaufspaltung ist der einheitliche Betätigungswille (personelle Verflechtung). Dieser findet in Lahbibs Kopf, also in Libyen statt. Die Finanzverwaltung denkt sich also weg, dass Lahbib in seinem Kopf einheitlich die Geschicke der GmbH und der Immo lenkt. Das halten Sie für skurril? Ich auch; aber nicht die deutsche Finanzverwaltung.

Wenn nun kein einheitlicher Betätigungswille mehr existiert, existiert auch keine Betriebsaufspaltung mehr. Damit liegen auch keine gewerblichen Einkünfte, sondern normale Kapitaleinkünfte vor. Diese können dann über § 1 Abs. 4 i.V.m. § 49 Abs. 1 Nr. 5 lit. a) und § 50 Abs. 2 S. 1 EStG besteuert werden. Also nochmals: Immer wenn der Fiskus nicht an sein Geld kommt, den Joker nicht vergessen!

3 Beteiligungserträge als Betriebsstätteneinkünfte

■ Fall 14
Dividenden sind keine Betriebsstätteneinkünfte

Laila und eine libysche KapGes sind an einer deutschen GmbH & Co. KG beteiligt. Die deutsche GmbH & Co. KG sei nicht gewerblich geprägt und erzielt ausschließlich Beteiligungserträge (Dividenden) aus einer deutschen und einer libanesischen KapGes. Wie werden die Dividenden in Deutschland besteuert?

Die deutsche KapGes wird bei der Dividendenausschüttung einen QuSt-Abzug vornehmen (§§ 43, 43a EStG) und zwar i.H.v. 25% auf den Bruttobetrag plus SolZ.

Laila ist beschränkt einkommensteuerpflichtig nach § 1 Abs. 4 EStG i.V.m. § 49 Abs. 1 Nr. 5 lit. a) und § 20 Abs. 1 Nr. 1 EStG. Die KG ist keine Mitunternehmerschaft i.S.v. § 15 EStG, da sie weder originär gewerblich tätig, noch gewerblich geprägt ist. Der bereits erfolgte QuSt-Abzug hat Abgeltungswirkung, d.h. es kommt nicht zu einer Veranlagung (§ 50 Abs. 2 S. 1 EStG). Es bleibt bei 25% KESt plus SolZ.

Bei der libyschen KapGes ist es ähnlich: Sie unterliegt mit ihren inländischen Einkünften der beschränkten Körperschaftsteuerpflicht nach § 2 Nr. 1 KStG i.V.m. § 8 Abs. 1 KStG i.V.m. § 49 Abs. 1 Nr. 5 lit. a) EStG, sofern die Beteiligung im Privatvermögen der KapGes gehalten wird. Hält sie diese im Betriebsvermögen, müsste wieder der Umweg über § 49 Abs. 1 Nr. 2 lit. a) (greift nicht) und § 49 Abs. 2 EStG gegangen werden. Der QuSt-Abzug hat Abgeltungswirkung (§ 32 Abs. 1 Nr. 2 KStG), es kommt nicht zur Veranlagung und somit auch nicht zur Anwendung des § 8b Abs. 1 KStG. Die libysche KapGes kann, wenn sie keine bloße Briefkastengesellschaft ist, gem. § 44a Abs. 9 EStG i.V.m. § 50d Abs. 1 EStG eine Ermäßigung der QuSt von 25% auf 15% beantragen ($^2/_5$-Regel).

Nicht zu den inländischen Einkünften gehört die Dividende aus der libanesischen KapGes. Da die KG transparent ist, muss der Fall so interpretiert werden, dass zwei Steuerpflichtige aus Libyen an einer libanesischen KapGes beteiligt sind. Daher greift § 49 Abs. 1 Nr. 5 lit. a) EStG nicht.

Fall 15
Dividenden als Betriebsstätteneinkünfte

Die GmbH & Co. KG produziert Babywindeln und bei den Beteiligungsgesellschaften handelt es sich um Drogerien, bei denen die GmbH & Co. KG Einfluss ausübt, so dass diese die Produkte der GmbH & Co. KG erwerben. Was ändert sich gegenüber dem Fall 14?

Die deutsche KapGes wird auch hier bei der Dividendenausschüttung einen QuSt-Abzug vornehmen (§§ 43, 43a EStG) und zwar i.H.v. 25 % auf den Bruttobetrag plus SolZ.

Laila und die KapGes sind beschränkt steuerpflichtig. Die beiden Gesellschafter der KG erzielen aber jetzt jeweils gewerbliche Einkünfte i.S.v. § 49 Abs. 1 Nr. 2 lit. a) EStG i.V.m. § 12 S. 2 Nr. 4 AO. Damit nimmt Deutschland ein Besteuerungsrecht für sich in Anspruch, nicht nur für die originär gewerblichen Einkünfte, sondern auch für die Dividenden, und zwar sowohl für die deutschen als auch die libanesischen, denn in beiden Fällen ist eine wirtschaftliche Zugehörigkeit zu der inländischen Betriebsstätte (KG) vorhanden! Anders als im vorhergehenden Fall existiert ein funktionaler Zusammenhang zwischen der originär gewerblichen Tätigkeit der KG und ihren Beteiligungen. Die Beteiligungen sind daher Betriebsvermögen der KG und die Dividenden gehören gem. § 20 Abs. 8 EStG zu den gewerblichen Einkünften. Daher gehen sie mit in die Veranlagung der gewerblichen Einkünfte ein. Die vorher abgeführte QuSt wird dabei angerechnet.

Da also beide Gesellschafter gem. § 50 Abs. 1 EStG veranlagt werden, kann Laila das Teileinkünfteverfahren (TEV) gem. § 3 Nr. 40 lit. d) EStG und die KapGes das Beteiligungsprivileg (§ 8b Abs. 1 i.V.m. Abs. 5 KStG) in Anspruch nehmen, sofern die Beteiligung mindestens 10 % beträgt (§ 8b Abs. 4 KStG).

Lektion 4: Besteuerung der Impats

1 Für Indianer gilt grundsätzlich das Arbeitsortprinzip ...

Impats sind Steuerausländer, die in Deutschland Einkünfte aus nichtselbständiger Arbeit beziehen. Es muss sich also um natürliche Personen handeln, die beschränkt steuerpflichtig gem. § 1 Abs. 4 EStG mit EanA i.S.v. §§ 19 und 49 Abs. 1 Nr. 4 EStG sind. Lektion 4 soll Ihnen den Grundfall der Arbeitnehmerbesteuerung verdeutlichen sowie zwei mehr (Manager) oder weniger (Fußballer) wichtige Ausnahmen beleuchten.

> ### Leitsatz 4
> **Besteuerung von Impats**
>
> Für Impats gilt grundsätzlich das **Arbeitsortprinzip**. D.h., der Staat in dem sie arbeiten, besteuert die Einkünfte (§ 49 Abs. 1 Nr. 4 lit. a) EStG). Erfasst werden nicht nur laufende Einkünfte, sondern auch Abfindungen. Die Steuerpflicht ist wegen § 50 Abs. 2 S. 1 EStG durch den **Lohnsteuerabzug** des Arbeitgebers abgegolten. **Auf Antrag** kann aber eine Veranlagung nach § 50 Abs. 2 S. 2 Nr. 4 EStG erfolgen. In diesem Fall sind § 50 Abs. 1 und § 32b Abs. 1 Nr. 5 EStG (**Progressionsvorbehalt**) zu berücksichtigen.
>
> Für **Vorstände, Geschäftsführer und Prokuristen** gilt das Arbeitsortprinzip nicht. § 49 Abs. 1 Nr. 4 lit. c) EStG erfasst ihre Einkünfte, sofern sich die Geschäftsleitung des Unternehmens, für das sie arbeiten, in Deutschland befindet.

■ Fall 16
Grundfall zur Impatbesteuerung

Laila ist Angestellte bei der deutschen D GmbH, die Babywindeln produziert. Sie wurde von ihrem Arbeitgeber beauftragt, in Libyen eine Betriebsstätte aufzubauen und zu betreiben. Das Gehalt zahlt die GmbH auf Lailas Girokonto bei der Raiffeisenbank Reichenhall (Bayern). Diskutieren Sie, ob Laila ihre Einkünfte aus nichtselbständiger Tätigkeit in Deutschland versteuern muss.

Laila unterliegt nicht der unbeschränkten Steuerpflicht in Deutschland (§ 1 Abs. 1 EStG). Damit kann sich für sie eine beschränkte Steuerpflicht nach § 1 Abs. 4 EStG ergeben, wenn sie inländische Einkünfte nach § 49 EStG erzielt. Ihre Einkünfte aus nichtselbständiger Tätigkeit fallen aber nicht unter § 49 Abs. 1 Nr. 4 EStG. Einschlägig wäre hier der Buchstabe a). Die Tätigkeit wird in Deutschland nicht physisch ausgeübt und auch nicht direkt verwertet. Auf die Zahlung auf ein deutsches Girokonto kommt es nicht an.

Nun könnte ein kluger Leser protestieren, weil eigentlich alle Leistungen, die die Arbeitnehmer in den ausländischen Betriebsstätten eines deutschen Unternehmens ausüben, immer irgendwie auch dem Stammhaus zugutekommen, also von diesem im Inland verwertet werden. Dies sieht die Rechtsprechung aber, Gott sei Dank, anders. Wenn nämlich diese Überlegung greifen würde, hätte das zur Folge, dass Deutschland als Exportnation hunderttausende Ausländer, die niemals in Deutschland tätig waren, mit in die beschränkte Steuerpflicht ziehen könnte. Daher wird der Begriff der Verwertung sehr eng ausgelegt.

> Eine **Verwertung** im Inland i.S.v. § 49 Abs. 1 Nr. 4 lit. a) EStG liegt **fast nie** vor!

Fall 17
Veranlagung von Drittstaatenarbeitnehmern

Laila ist immer noch Angestellte bei der deutschen D GmbH, die Babywindeln produziert. Sie arbeitet in der libyschen Betriebsstätte. Laila wurde zusätzlich von ihrem Arbeitgeber beauftragt, Kurzfilme mit arabischen und afrikanischen Kindern zu drehen, damit die GmbH daraus für den deutschen Markt Werbespots schneiden kann. Was ändert sich?

Hier liegt eine unmittelbare Verwertung der Arbeitsergebnisse im deutschen Stammhaus vor. Damit ist (ausnahmsweise) der Tatbestand der Verwertung im Inland erfüllt und Laila ist mit diesen Einkünften beschränkt steuerpflichtig nach § 1 Abs. 4 EStG i.V.m. § 49 Abs. 1 Nr. 4 lit. a) EStG. Ihr Arbeitgeber müsste für diese Einkünfte LoSt einbehalten und an das Finanzamt abführen. Gem. § 50 Abs. 2 S. 1 EStG wäre damit auch die Steuerpflicht abgegolten.

Diese einfache Logik des § 50 Abs. 2 S. 1 EStG, dass die Steuerpflicht mit dem LoSt-Abzug abgegolten ist, wird für Arbeitnehmer durch § 50 Abs. 2 S. 2 Nr. 4 EStG durchbrochen. Demnach gilt Satz 1 nicht, wenn

a) als LoSt-Abzugsmerkmal ein Freibetrag nach § 39a Abs. 4 EStG gebildet wurde oder

b) wenn die Veranlagung beantragt wird.

Weiter mit Fall 17

Das findet Laila super. Sie will einen Antrag nach § 50 Abs. 2 S. 2 Nr. 4 lit. b) EStG stellen und so in die Veranlagung kommen, um ihre Werbungskosten, Sonderausgaben und außergewöhnlichen Belastungen in Deutschland geltend zu machen. Funktioniert das?

Tja, eigentlich eine prima Idee. Aber versteckt in § 50 Abs. 2 S. 7 EStG (gut getarnt!) wird darauf hingewiesen, dass nur EWR-Bürger, die auch im EWR wohnen (doppelter EWR-Bezug), diesen Antrag stellen dürfen. Der EWR besteht, wie Sie wissen, aus den EU-Staaten sowie Norwegen, Island und Liechtenstein. Libyen gehört jedenfalls nicht dazu.

Fall 18
Veranlagung von EWR-Arbeitnehmern

Wie Fall 17, nur ist Libyen inzwischen dem EWR beigetreten (der Fall wird langsam skurril).

Nun könnte sie den Antrag auf Veranlagung erfolgreich stellen. Allerdings wird sie damit auch nicht so richtig glücklich. Denn § 50 Abs. 1 EStG schränkt den Abzug ihrer Ausgaben trotz der Veranlagung ein. Außerdem muss sie dann hinsichtlich ihrer nicht inländischen Einkünfte den Progressionsvorbehalt gem. § 32b Abs. 1 S. 1 Nr. 5 EStG berücksichtigen. Sie müsste also rechnen, ob sich der Antrag lohnt.

Zurück zu Fall 17

Den Antrag nach § 50 Abs. 2 S. 2 Nr. 4 lit. b) EStG kann Laila also nicht erfolgreich stellen, weil sie als Libyerin nicht EWR-Bürgerin ist. Wie sieht es aber mit Nr. 4 lit. a) aus?

Dafür müsste man das kryptische Gedöns erst einmal verstehen. Gemeint ist Folgendes: Der ausländische Arbeitnehmer hat eine Art Lohnsteuerkarte. Er kann nun auf dieser Karte einen Freibetrag eintragen lassen, wenn er eine besondere Ausgabe getätigt hat, die steuerlich relevant ist. In diesem Fall würde der normale LoSt-Abzug durch den Arbeitgeber nach Tabelle eine zu hohe Steuerlast bewirken, weil diese Ausgabe in die Tabellen nicht eingearbeitet ist. Aus diesem Grund dürfte sie ausnahmsweise doch zur Veranlagung optieren.

Immer noch Fall 17

„Super!" sagt sich Laila, „Dann spende ich 50 € an die Europa-Universität Viadrina und mache für diese Spende einen Freibetrag i.S.v. § 50 Abs. 2 S. 2 Nr. 4 lit. a) i.V.m. § 39a Abs. 4 Nr. 2 EStG geltend." Hat sie damit Erfolg?

Tatsächlich funktioniert das. Und weil sie den Antrag bis zum Ende des Kalenderjahres stellen kann, hat sie fast 12 Monate Zeit, darüber nachzudenken, ob sich das Spiel lohnt.

Fall 19
Abfindungen von Arbeitnehmern

Lahbib arbeitet halbtags für die deutsche D GmbH in deren Betriebsstätte in Frankfurt (Oder). Leider erscheint Lahbib nur unregelmäßig bei der Arbeit; zudem ist man von seinen Leistungen wenig angetan. Daher wird das Arbeitsverhältnis beendet. Immerhin erhält er noch eine Abfindung. Unterliegt er mit der Abfindung der deutschen Besteuerung?

Lahbib sieht das natürlich nicht so, denn zum einen hat er die Abfindung erst nach Beendigung des Arbeitsverhältnisses und zum anderen auch nicht für seine Leistungen erhalten, sondern damit er sich zügig vom Acker macht.

Der Gesetzgeber sieht das aber anders als Lahbib. Zunächst spielt der Zahlungszeitpunkt keine Rolle, weil § 49 Abs. 1 Nr. 4 lit. a) EStG davon spricht, dass es sich um Einkünfte i.S.v. § 19 EStG handelt, für die die Leistung „im Inland ausgeübt ... wird oder worden ist." Damit werden auch nachträgliche Zahlungen erfasst. Außerdem zählen gem. § 19 Abs. 1 Nr. 1 i.V.m. § 24 Nr. 1 lit. b) EStG auch Entschädigungen für die Aufgabe der Tätigkeit dazu. Und das macht der Gesetzgeber auch nochmals deutlich, indem er die Entschädigungen in § 49 Abs. 1 Nr. 4 lit. d) EStG explizit aufführt. Damit wird der deutsche Arbeitgeber auch für die Abfindung den LoSt-Einbehalt vornehmen und die Steuerpflicht ist damit gem. § 50 Abs. 2 S. 1 EStG abgegolten.

Ist Ihnen eigentlich aufgefallen, dass die Lösung unvollständig ist? In der Klausur könnten die entscheidenden Punkte fehlen!

Bevor man sich mit § 49 Abs. 1 EStG auseinandersetzt, wäre eigentlich auf die Frage einzugehen, wie jemand, der in Libyen lebt, zugleich halbtags in Deutschland arbeiten kann!

Wenn er nämlich regelmäßig in Deutschland aufkreuzen würde, könnte er hier seinen gewöhnlichen Aufenthalt oder einen Wohnsitz haben. Damit wäre er unbeschränkt steuerpflichtig mit seinem Welteinkommen. Wir retten uns damit, dass er immer nur kurzfristig in Deutschland verweilte, sich ansonsten in Libyen aufhielt, seine Familie dort lebt und er ja auch nur unregelmäßig zur Arbeit erschien. Und während seiner sporadischen Anwesenheit in Frankfurt (Oder) nächtigte er in wechselnden Hotels. Macht vier Zusatzpunkte in der Klausur.

> Sie sollten immer die Prüfungsabfolge aus Übersicht 1 im Kopf haben. Dann verschenken Sie in der Klausur keine leichten Punkte und in der Beratungspraxis kann Sie das vor einem Haftungsfall bewahren.

2 ... für Häuptlinge nicht!

Fall 20
Managerbesteuerung

Lahbib gibt nicht auf. Nach seinem Desaster in Fall 19 findet er tatsächlich einen Job bei der deutschen D AG als Vertriebsmanager für Nordafrika. Er arbeitet von seinem Homeoffice in Tripolis aus und zahlt deshalb auch keine Steuern in Deutschland (sie erinnern sich an § 49 Abs. 1 Nr. 4 lit. a) EStG [Arbeitsortprinzip]). Lahbib macht seinen Job richtig gut und erhält nach der Probezeit von der AG Prokura. Nun vergeht ihm das Lachen. Warum?

Sie haben gelernt, dass für Arbeitnehmer grundsätzlich das Arbeitsortprinzip gilt. Allerdings macht der Gesetzgeber einen Unterschied zwischen normalen Indianern und Häuptlingen. Nach § 49 Abs. 1 Nr. 4 lit. c) EStG liegen bei Geschäftsführern, Vorstandsmitgliedern und eben auch Prokuristen einer Gesellschaft mit Geschäftsleitung in Deutschland inländische Einkünfte vor, die er wegen § 1 Abs. 4 EStG brav versteuern darf. Wie die Besteuerung erfolgt, wissen Sie bereits.

> Für Indianer gilt gem. § 49 Abs. 1 Nr. 4 lit. a) EStG grundsätzlich das **Arbeitsortprinzip**; für Häuptlinge i.S.v. § 49 Abs. 1 Nr. 4 lit. c) EStG aber nicht!

3 Fußball ist anders!

Fall 21
Steuerbefreiung für Sportler

Lotte lebt in San Marino. Sie ist Profifußballerin beim dortigen Meister Tre Fiori. Die Mannschaft spielt regelmäßig in der Champions League, unter anderem auch gegen Turbine Brandenburg. Muss sie ihr Gehalt in Deutschland versteuern, wenn die Mannschaft hier spielt?

Lotte ist beschränkt steuerpflichtig gem. § 1 Abs. 4 EStG, da sie während der Spiele in Deutschland EanA i.S.v. § 19 Abs. 1 S. 1 Nr. 1 EStG bezieht, die inländische Einkünfte nach § 49 Abs. 1 Nr. 4 lit. a) EStG darstellen.

„Stopp!" krakeelt Lotte. „Das ist doch krank. Ich kann doch nicht in jedem Land, in dem unser Verein mal spielt, steuerpflichtig sein. Außerdem ist Fußball doch ein Kulturgut, das besonders geschützt werden muss!"

Das erste Argument kann nicht überzeugen. Natürlich ist sie, wie jeder andere Arbeitnehmer, der in Deutschland seinem Job nachgeht, im Tätigkeitsstaat beschränkt steuerpflichtig; das Arbeitsortprinzip gilt auch für Fußballerinnen. Ihr zweites Argument (Kulturgut Fußball) kann aber voll überzeugen. Und daher hat der Gesetzgeber in § 50 Abs. 4 EStG eine Ermächtigungsvorschrift für den Steuerverzicht kodifiziert, sofern die Steuerfreiheit in einem besonderen öffentlichen Interesse ist. Und das ist bei Fußball ohne jeden Zweifel der Fall! Diesem Argument hat sich auch die Finanzverwaltung nicht entzogen und in einem BMF-Schreiben vom 20.03.2008 bestimmt, dass bei Spielen in der Champions League und Euro League die ausländischen Fußballer keine Steuern in Deutschland zahlen müssen. Allerdings hat das BMF in diesem Schreiben angekündigt, dass diese Steuerbefreiung nur greift, wenn mit dem anderen Staat eine Gegenseitigkeitsvereinbarung getroffen wird. Im Schreiben vom 21.01.2010 hat dann das BMF etwas kleinlaut kund getan, dass die Staaten Bulgarien, Österreich, Großbritannien (Landesverbände – England, Nordirland, Schottland, Wales), Griechenland, Luxemburg, Spanien, Schweiz, Ungarn und Zypern ihrerseits den Verzicht auf die Besteuerung im Inboundfall verweigern. Weil aber die Förderung des Kulturgutes Fußball eindeutig wichtiger als fiskalische Interessen ist, wird der Steuerverzicht nunmehr auch bei den Staaten gewehrt, die selbst ausländische Sportler besteuern.

„Noch mal stopp!" ruft Lotte. „Was ist mit den anderen Sportarten, wie Dressurreiten, Golf, Synchronschwimmen, Badminton, Bodenturnen, Tischtennis, Eiskunstlauf, Rudern oder Leichtathletik?".

Naja, eigentlich reden wir von Kultur. Und das ist für Männer Fußball! Da im BMF vor allem Männer sitzen, wurden durch das Schreiben vom 20.03.2008 auch Einkünfte aus anderen Mannschaftssportarten, für die sich potenziell Männer interessieren könnten, von der Steuer befreit. Zitat: „Der Steuererlass gilt für Einkünfte aus Spielen im Rahmen der europäischen Vereinswettbewerbe im Basketball, Eishockey, Fußball, Handball, Volleyball sowie in vergleichbaren Mannschaftssportarten." Dem ist wohl nichts hinzuzufügen, außer dass man im BMF die Formel 1 vergessen hat, aber das ist ja auch kein Mannschaftssport.

II. Outboundfälle ohne Abkommensrecht

Lektion 5: Verminderung oder Vermeidung der Doppelbesteuerung

Deutschland ist eine Exportnation. Daher ist es Aufgabe des Gesetzgebers, seine Wirtschaftsakteure bei Outbondaktivitäten nicht über Gebühr zu behindern, indem deren ausländische Einkünfte doppelt besteuert werden.

Lernziel dieser Lektion ist, Ihnen die Funktion der unilateralen Maßnahmen zur Vermeidung oder Verminderung der Doppelbesteuerung zu erläutern und die einschlägigen Paragrafen, insbesondere § 26 KStG, §§ 34c und 34d EStG sowie § 32d Abs. 5 EStG, zu entmystifizieren.

Investiert ein in Deutschland unbeschränkt Steuerpflichtiger im Ausland (Outboundfall), sind die entsprechenden ausländischen Einkünfte im Inland aufgrund des Welteinkommensprinzips auch grundsätzlich steuerpflichtig. Wenn auch der ausländische Quellenstaat eine Steuer erhebt, erfolgt eine Doppelbesteuerung. Diese zu vermeiden, ist grundsätzlich die Aufgabe des Wohnsitzstaates.

Besteht kein Doppelbesteuerungsabkommen, erfolgt die Vermeidung oder zumindest Minderung der Doppelbesteuerung für natürliche Personen unmittelbar über § 34c EStG bzw. für Kapitaleinkünfte über § 32d Abs. 5 EStG; für KapGes wurde die Scharniervorschrift § 26 KStG geschaffen, der auf § 34c EStG verweist.

Zu den Outboundfällen ohne ein bestehendes Abkommensrecht nun die Übersicht 2 über unsere unilateralen Normen zur Vermeidung oder Verminderung der Doppelbesteuerung.

Übersicht 2: Unilaterale Normen zur Vermeidung oder Verminderung der Doppelbesteuerung

Für wen?	Für welche Einkünfte?	Welche Norm?	Wie?
Natürliche und juristische Personen	Alle Einkünfte außer EaKV	§ 34c EStG (i.V.m. § 34d EStG) (i.V.m. § 26 KStG)	Abs. 1: **Anrechnung** (Minimum aus S_A, S_I und AHB) **(Per-Country-Limitation)**
			Abs. 2: **Abzug auf Antrag** (wenn zvE $\leq$ 0 oder S_A > 100%) (Voraussetzungen des Abs. 1!)
			Abs. 3: **Abzug von Amts wegen** (nur in den drei Fällen möglich) (Abs. 1 und 2 greifen nicht)
			Abs. 5: **Erlass/Pauschalierung** (Pauschalierungserlass) (Auslandstätigkeitserlass)
			Abs. 6: Verweis auf DBA
			Abs. 7: Ermächtigung für Per-Country-Limitation und Nachweispflicht
Natürliche und juristische Personen	EaKV	§ 32d Abs. 5 EStG (i.V.m. § 34d EStG) (i.V.m. § 8 Abs. 1 KStG)	**Anrechnung** (Minimum aus S_A, S_I und AHB)

1 Die Anrechnungsmethode

Leitsatz 5

Die Anrechnung ausländischer Steuern

Man kann bei der Anrechnungsmethode die **direkte** und die **indirekte Anrechnung** unterscheiden. Bei der direkten Anrechnung werden bei einem Steuerpflichtigen nur dessen eigenen ausländischen Steuern angerechnet. Bei der indirekten Methode können auch Steuern anderer Steuersubjekte beim Steuerpflichtigen angerechnet werden. Die indirekte Anrechnung ist in Deutschland kaum gebräuchlich.

Man kann bei der Anrechnungsmethode die **begrenzte** und die **unbegrenzte Anrechnung** unterscheiden. Bei der begrenzten Anrechnung werden beim Steuerpflichtigen nicht mehr ausländische Steuern angerechnet als man in Deutschland auf die ausländischen Einkünfte zahlen würde (**Anrechnungshöchstbetrag**, AHB), und nicht mehr als man im Ausland (S_A) und in Deutschland (S_I) gezahlt hat. Die unbegrenzte Methode könnte dazu führen, dass Deutschland mehr Steuern anrechnet als es selbst erhebt. Sie ist in Deutschland daher ungebräuchlich.

§ 34c Abs. 1 EStG enthält die begrenzte, direkte Steueranrechnung. Anrechenbar ist nur das Minimum aus S_A, S_I und dem AHB.

Fall 22
Die Anrechnungsmethode

Dieter lebt in Berlin. Gemeinsam mit Laila betreibt er in Libyen eine PersGes, die deutsche Gartenzwerge produziert und an libysche Handelsketten vertreibt. Deutschland und Libyen behandeln die PersGes transparent. Dieter zahlt auf seinen Gewinnanteil in Libyen eine Income Tax sowie eine Defense Tax. Wie wird Dieters Gewinnanteil in Deutschland besteuert?

Dieter ist unbeschränkt einkommensteuerpflichtig nach § 1 Abs. 1 S. 1 EStG i.V.m. §§ 8 und 9 AO. Im Rahmen der Besteuerung des Welteinkommens wird auch sein Gewinnanteil, ermittelt nach deutschem Einkommensteuerrecht, aus der libyschen PersGes (§ 15 Abs. 1 S. 1 Nr. 2 EStG) berücksichtigt. Libyen besteuert die Betriebsstätteneinkünfte im Rahmen der beschränkten Steuerpflicht. Die libysche ESt darf zunächst nicht von der Bemessungsgrundlage abgezogen werden, da sie eine Personensteuer i.S.v. § 12 Nr. 3 EStG ist. Besteuerte nun Deutschland diese Einkünfte, käme es zu einer Doppelbesteuerung.

Diese Doppelbesteuerung wird dadurch vermieden, dass nach § 34c Abs. 1 EStG eine ausländische Steuer, die aus dem gleichen Staat wie die Einkünfte stammt, der Höhe nach auf die deutsche ESt beschränkt angerechnet wird, sofern ausländische Einkünfte i.S.v. § 34d EStG vorliegen. Damit ist eine Vielzahl von Anforderungen zu erfüllen, um in den Genuss der Anrechnung zu gelangen:

▶ Die ausländische Steuer muss der deutschen ESt entsprechen.

Ob die ausländische Steuer der deutschen ESt entspricht kann im Einzelfall einfach (z.B. österreichische ESt oder libysche Income Tax), aber eben auch schwierig zu beurteilen sein (libysche Defense Tax). Immerhin hilft auch hier die Finanzverwaltung, indem sie in Anlage 6 zu den EStR eine Liste von anrechenbaren Steuern veröffentlicht hat.

▶ Sie muss aus demselben Staat wie die Einkünfte stammen.

Das ist i.d.R. der Fall; Sie werden aber in dieser Lektion noch ein Gegenbeispiel finden.

▶ Die Einkünfte müssen ausländische Einkünfte sein.

Was ausländische Einkünfte sind, ist in § 34d EStG definiert.

▶ Außerdem wird die Steuer nur der Höhe nach begrenzt angerechnet.

Dazu später und zunächst zurück zu Fall 22.

Dieter möchte die libyschen Steuern auf seine deutsche ESt anrechnen. Das bedeutet konkret, dass er zunächst seine ESt auf das Welteinkommen ermittelt und erst danach die ausländischen Steuern von seiner ESt-Schuld abzieht.

Die libysche Income Tax und die Defense Tax sind Steuern, die in der Anlage 6 zu den EStR aufgeführt sind, und daher der deutschen ESt entsprechen. Sie wurden auch in Libyen gezahlt. Dieter hat auch ausländische Einkünfte i.S.v. § 34d EStG erzielt. Dem Grundgedanken folgend, dass PersGes nach deutschem Verständnis transparent behandelt werden, sind diese in § 34d EStG nicht gesondert erwähnt. Es liegen nämlich durch die Betriebsstätte der libyschen PersGes für Dieter libysche Betriebsstätteneinkünfte i.S.v. § 34d Nr. 2 lit. a) EStG vor. Damit ist eine Anrechnung der libyschen Steuer auf die deutsche ESt grundsätzlich möglich. Zur Höhe kommen wir, wie bereits erwähnt, etwas später.

Beide Definitionsnormen (§ 49 für den Inboundfall und § 34d für den Outboundfall) stellen nicht auf die PersGes selbst ab, sondern auf den Steuerpflichtigen und die Betriebsstätteneigenschaft der PersGes. Dabei vermittelt die **PersGes** dem Steuerpflichtigen in der Regel eine **Betriebsstätte** i.S.v. § 12 AO.

1.1 Die begrenzte Anrechnung

Fall 23
Grundfall zur Anrechnungsmethode

Die deutsche D GmbH hat im abgelaufenen Veranlagungszeitraum ein zvE i.H.v. 1.000.000 € erzielt und müsste darauf 150.000 € KSt, 8.250 € SolZ sowie 126.000 € GewSt (Hebesatz 400 %) zahlen. Im körperschaftsteuerlichen zvE, aber wegen § 9 Nr. 3 GewStG nicht im Gewerbeertrag, enthalten sind EaGB aus einer Betriebsstätte in Libyen. Der Betriebsstättengewinn beträgt nach deutschen Gewinnermittlungsvorschriften 100.000 €, nach libyschen Vorschriften 110.000 €. Auf diesen Gewinn hat die D GmbH in Libyen umgerechnet 11.000 € Income Tax und Defense Tax gezahlt. Wie viel libysche Steuern kann die D GmbH in Deutschland anrechnen?

Die D GmbH ist in Libyen (beschränkt) steuerpflichtig mit dem Betriebsstättengewinn. In Deutschland ist sie unbeschränkt körperschaftsteuerpflichtig (§ 1 Abs. 1 KStG). Daher muss sie hier auch den Betriebsstättengewinn versteuern (Welteinkommensprinzip, § 1 Abs. 2 KStG). Die Bemessungsgrundlage ermittelt sich allein nach deutschen Vorschriften. Wie hoch der Betriebsstättengewinn nach libyschen Normen ist, spielt für die deutsche Finanzverwaltung keine Rolle.

Die D GmbH müsste auf den Betriebsstättengewinn in Deutschland 15% KSt und SolZ, aber wegen § 9 Nr. 3 S. 1 GewStG keine GewSt zahlen. Um die Doppelbesteuerung zu vermeiden, darf sie aber die libysche Steuer gem. § 26 KStG i.V.m. § 34c Abs. 1 EStG auf die deutsche KSt anrechnen. Die libysche Income Tax und die Defense Tax entsprechen der deutschen KSt. Sie wurden in Libyen gezahlt. Die D GmbH hat auch ausländische Betriebsstätteneinkünfte i.S.v. § 34d Nr. 2 lit. a) EStG erzielt. Damit ist eine Anrechnung der libyschen Steuern auf die deutsche KSt grundsätzlich möglich.

Allerdings ist die Höhe der anrechenbaren Steuern durch § 34c Abs. 1 EStG dreifach begrenzt. Es ist nur das Minimum aus folgenden drei Größen anrechenbar:

▶ Man kann nicht mehr ausländische Steuern anrechnen, als man in diesem Staat gezahlt hat (S_A ist hier 11.000 €). Das macht Sinn.

▶ Man kann nicht mehr ausländische Steuern anrechnen, als man in Deutschland zahlt (S_I ist hier 150.000 €). Ist auch irgendwie logisch.

▶ Man darf nicht mehr ausländische Steuern anrechnen, als man in Deutschland auf die ausländischen Einkünfte zahlen würde (Anrechnungshöchstbetrag AHB ist hier 100.000 × 15% = 15.000 €). Das ist wichtig; bitte unbedingt merken!

Nochmals: Es ist nur das Minimum aus den drei Größen anrechenbar. S_A ist für diesen Fall das Minimum. Die D GmbH darf also die gesamte libysche Steuer auf die deutsche KSt anrechnen. Sie zahlt auf ihren Betriebsstättengewinn in Libyen 11.000 € und in Deutschland (15.000 € − 11.000 € =) 4.000 € KSt und darauf 5,5% SolZ, also insgesamt 4.220 € Steuern in Deutschland.

Fall 24
Der Anrechnungshöchstbetrag

Wie der vorhergehende Fall. Allerdings sei die libysche Steuer auf den Betriebsstättengewinn 16.000 €. Wie wird jetzt angerechnet?

Jetzt ist der AHB das Minimum. Auf die deutsche KSt kann nicht mehr libysche Steuer angerechnet werden als man auf diese ausländischen Einkünfte in Deutschland bezahlen würde. Und das sind 15% oder 15.000 €. Sie rechnet also 15.000 € auf ihre KSt an und zahlt damit in Deutschland auf den Betriebsstättengewinn keine KSt und damit auch keinen SolZ.

Diese Einschränkung macht auch Sinn, weil ansonsten der deutsche Fiskus unserer GmbH für den Betriebsstättengewinn nicht nur keine Steuer abknöpfen, sondern ihr faktisch noch libysche Steuer erstatten würde. Und das wäre wirklich zuviel des Guten!

> Die **Anrechnungsmethode** führt im Ergebnis immer zur **höheren Steuerbelastung** der beiden beteiligten Staaten. Ist der Durchschnittssteuersatz auf die ausländischen Einkünfte im anderen Staat höher als in Deutschland, zahlt man im Ergebnis nur dort Steuern; ist er im anderen Staat niedriger als in Deutschland, zahlt man im Ergebnis dort Steuern und zusätzlich in Deutschland die Differenz zum höheren deutschen Durchschnittssteuersatz.

Immer noch Fall 24

Der Chefcontroller der D GmbH kommt auf eine aus seiner Sicht geniale Idee: „Wenn man nur 15.000 € libysche Steuer auf die deutsche KSt anrechnen darf, rechnen wir die restlichen 1.000 € auf den SolZ oder die GewSt an." Super Idee?

Na ja, versuchen kann er es; der Versuch wird aber erbärmlich scheitern. Aber immerhin muss man ihm zugute halten, dass dies auch in der Praxis gelegentlich erfolglos versucht und sogar in der Literatur, ebenfalls erfolglos, vorgeschlagen wird.

Eine Anrechnung auf die GewSt scheitert aus zwei Gründen. Zum einen gilt § 34c EStG zwar für die ESt oder (über § 26 KStG) für die KSt, aber eben nicht für die GewSt. Und zum anderen ist wegen § 9 Nr. 3 GewStG auch gar keine GewSt auf den Betriebsstättengewinn gezahlt worden. Worauf sollte also angerechnet werden?

Eine Anrechnung auf den SolZ ist auch nicht möglich. Der SolZ ist eine Ergänzungsabgabe, die auf die festgesetzte ESt bzw. KSt erhoben wird.

Technisch ist daher zunächst die ESt bzw. KSt zu ermitteln und dabei auch die anrechenbare ausländische Steuer zu berücksichtigen. Erst dann kann der SolZ ermittelt werden. Das heißt auch, der SolZ wird umso geringer, je mehr ausländische Steuer bei der ESt bzw. KSt angerechnet wird. Da in unserem Fall auf den Betriebsstättengewinn keine KSt zu zahlen ist, weil der AHB ausgeschöpft ist, kann auch kein SolZ mehr darauf anfallen.

1.2 Per-Country-Limitation

Der Chefcontroller gibt nicht auf. Er hat noch eine Idee:

▰ Fall 25
Die Per-Country-Limitation

Die deutsche D GmbH hat im abgelaufenen Veranlagungszeitraum ein zvE i.H.v. 1.000.000 € erzielt und müsste darauf 150.000 € KSt, 8.250 € SolZ sowie 112.000 € GewSt (Hebesatz 400%) zahlen.

Im zvE enthalten sind Einkünfte aus einer Betriebsstätte in Libyen. Der Betriebsstättengewinn beträgt nach deutschen Gewinnermittlungsvorschriften 100.000 €. Auf diesen Gewinn hat die D GmbH in Libyen umgerechnet 16.000 € Income Tax und Defense Tax gezahlt.

Im zvE enthalten sind außerdem Einkünfte aus einer Betriebsstätte in Jordanien. Dieser Betriebsstättengewinn beträgt nach deutschen Gewinnermittlungsvorschriften ebenfalls 100.000 €. Auf den Betriebsstättengewinn hat die D GmbH in Jordanien umgerechnet 12.000 € Income Tax gezahlt. Wie viel Steuern muss die D GmbH auf die Betriebsstättengewinne in Deutschland zahlen?

Wie Sie bereits aus Fall 24 wissen, besteht bei den libyschen Steuern ein Anrechnungsüberhang. Die libyschen Steuern betragen 16.000 €, von denen aber nur 15.000 € auf die deutsche KSt angerechnet werden können. 1.000 € würden also verfallen.

In Jordanien sieht es aber anders aus. Theoretisch könnten bis zu 15.000 € angerechnet werden (AHB). Praktisch wurden in Jordanien aber nur 12.000 € bezahlt (S_A). Damit fragt sich, ob dieses für Jordanien nicht ausgeschöpfte Anrechnungspotenzial mit dem Anrechnungsüberhang aus Libyen verrechnet werden kann. Oder anders ausgedrückt: Die D GmbH hat für die beiden ausländischen Betriebsstätten zusammen 28.000 € ausländische Steuern gezahlt. In Deutschland würden auf die ausländischen Betriebsstätteneinkünfte (200.000 € × 15 % =) 30.000 € KSt anfallen.

> Leider ist der Gesetzgeber bei der Anrechnung wenig kundenfreundlich. Schön versteckt in § 68a EStDV hat er (ermächtigt durch § 34c Abs. 7 EStG) die sog. **Per-Country-Limitation** kodifiziert. Eine **Verrechnung** der Anrechnungsüberhänge **zwischen verschiedenen Staaten** ist also nicht möglich. Ebenso wenig sieht der deutsche Gesetzgeber einen Vortrag von **Anrechnungsüberhängen** in künftige Veranlagungszeiträume vor.

2 Die Abzugsmethode

§ 34c Abs. 2 EStG enthält eine Option. Wenn der Steuerpflichtige die Voraussetzungen der Anrechnung nach § 34c Abs. 1 EStG erfüllt (und nur dann!), darf er nach § 34c Abs. 2 EStG auf die Anrechnung verzichten und die ausländische Steuer wie eine Betriebsausgabe abziehen.

Zunächst muss dies verwundern, da scheinbar die Anrechnung immer besser sein sollte als der Abzug. Bei ihr wird durch die ausländischen Steuern die ESt oder KSt direkt gemindert; beim Abzug mindern die Steuern lediglich die Bemessungsgrundlage der ESt oder KSt.

Und nochmals Fall 24   Anrechnung versus Abzug 1

Die deutsche D GmbH hat im abgelaufenen Veranlagungszeitraum ein zvE i.H.v. 1.000.000 € erzielt, und müsste darauf 150.000 € KSt, 8.250 € SolZ sowie 126.000 € GewSt (Hebesatz 400 %) zahlen.

Im zvE enthalten sind Einkünfte aus einer Betriebsstätte in Libyen. Der Betriebsstättengewinn beträgt nach deutschen Vorschriften 100.000 €, nach libyschen Vorschriften 110.000 €. Auf diesen Gewinn hat die D GmbH in Libyen umgerechnet 16.000 € Income Tax und Defense Tax gezahlt. Wie viel Steuern muss die D GmbH auf den Betriebsstättengewinn in

Deutschland zahlen, wenn die libyschen Steuern nach § 34c Abs. 1 EStG angerechnet oder nach § 34c Abs. 2 EStG abgezogen werden?

Der erste Teil ist reine Wiederholung:

Die D GmbH müsste auf den Betriebsstättengewinn in Deutschland 15% KSt und SolZ, aber wegen § 9 Nr. 3 S. 1 GewStG keine GewSt zahlen. Um die Doppelbesteuerung zu vermeiden, darf sie aber die libysche Steuer nach § 26 KStG i.V.m. § 34c Abs. 1 EStG auf die deutsche Steuer anrechnen. Die libysche Income Tax und die Defense Tax entsprechen der deutschen KSt. Sie wurden auch in Libyen gezahlt. Die D GmbH hat auch ausländische Betriebsstätteneinkünfte i.S.v. § 34d Nr. 2 lit. a) EStG erzielt. Damit ist eine Anrechnung der libyschen Steuern auf die deutsche KSt grundsätzlich möglich. Der AHB ist das Minimum. Auf die deutsche KSt kann nicht mehr libysche Steuer angerechnet werden als man auf diese ausländischen Einkünfte bezahlen würde. Und das sind 15% oder 15.000 €. Damit zahlt die D GmbH auf ihren Betriebsstättengewinn keine deutsche KSt, also auch keinen SolZ und GewSt wegen § 9 Nr. 3 GewStG auch nicht.

Wenn die D GmbH gem. § 34c Abs. 2 EStG zum Abzug optieren würde, wäre die libysche Steuer wie eine Betriebsausgabe abzugsfähig. Damit würde das Einkommen aus der Betriebsstätte auf (100.000 € − 16.000 € =) 84.000 € sinken. Darauf wären dann 15% KSt (= 12.600 €) und auf die KSt 5,5% SolZ (= 693 € SolZ) zu zahlen. Keine gute Option!

Aber warum kodifiziert der Gesetzgeber in § 34c Abs. 2 EStG ein Wahlrecht, wenn der Abzug immer schlechter ist als die Anrechnung nach § 34c Abs. 1 EStG?

Und immer noch Fall 24

„Klar!", röhrt der Chefcontroller der D GmbH, „Das machen die doch nur wieder, um den Dummen das Geld aus der Tasche zu ziehen, oder nich'?"

Eher „oder nich'"! Es gibt drei Fälle, in denen der Abzug nach § 34c Abs. 2 EStG tatsächlich günstiger ist als die Anrechnung nach § 34c Abs. 1 EStG. Grundsätzlich sollte (mathematisch trivial) die Anrechnung günstiger sein. Dies gilt nicht, wenn zwar eine ausländische

Steuer gezahlt wurde, aber dennoch keine (volle) Anrechnung möglich ist.

1. Im ersten Fall ist das zvE null oder negativ. Das könnte der Fall sein, wenn aus anderen (inländischen) Einkunftsquellen Verluste generiert werden. Dann ist zwar eine Anrechnung ($S_i = 0$ €) noch ein Abzug möglich, der Anrechnungsüberhang würde aber verfallen, während der Abzug den Verlustrücktrag oder -vortrag nach § 10d EStG erhöhen würde. Man rettet also etwas vom Steuerabzug durch die Option in die Zukunft.

2. Im zweiten Fall muss im Ausland eine effektive Steuerbelastung von mehr als 100 % (z.B. wenn dort die Einnahmen besteuert werden; analog zu § 50a EStG) vorliegen. Dann würde in Deutschland bei beiden Alternativen keine Steuer auf die ausländischen Einkünfte anfallen, aber auch hier würde durch den Verlustvortrag oder den Abzug vom inländischen Einkommen ein Vorteil der Antragstellung nach § 34c Abs. 2 EStG vorliegen.

3. Ein weiteres Beispiel werden Sie in Fall 32 kennen lernen.

Fall 26
Anrechnung versus Abzug 2

Die deutsche D GmbH hat aufgrund inländischer Verluste im abgelaufenen Veranlagungszeitraum ein negatives zvE i.H.v. ./. 1.000.000 € erzielt. Im zvE enthalten sind (positive!) Einkünfte aus einer Betriebsstätte in Libyen. Der Betriebsstättengewinn beträgt nach deutschen Vorschriften 100.000 €, nach libyschen Vorschriften 110.000 €. Auf diesen Gewinn hat die D GmbH in Libyen umgerechnet 16.000 € Income Tax und Defense Tax gezahlt. Wie viel Steuern muss die D GmbH auf den Betriebsstättengewinn in Deutschland zahlen, wenn die libyschen Steuern nach § 34c Abs. 1 EStG angerechnet oder nach § 34c Abs. 2 EStG abgezogen werden?

Bei Anwendung des § 34c Abs. 1 EStG läuft die Anrechnung der libyschen Steuern ins Leere. Da die D GmbH aufgrund ihres Verlustes keine Steuern in Deutschland zahlt, kann auch die ausländische Steuer nicht angerechnet werden ($S_I = 0$ €). Dieser Anrechnungsüberhang verfällt.

Bei Anwendung des § 34c Abs. 2 EStG **erhöht** der **Abzug** der libyschen Steuern den **Verlust** der D GmbH. Das hilft ihr zwar im laufenden Veranlagungszeitraum wenig, aber damit erhöht sich der Verlustrück- bzw. Verlustvortrag nach § 10d EStG um 16.000 €. Die Option lohnt sich also.

Fall 27
Anrechnung versus Abzug 3

Die deutsche D GmbH hat im abgelaufenen Veranlagungszeitraum ein zvE i.H.v. 1.000.000 € erzielt. Im zvE enthalten sind Einkünfte aus der Überlassung eines Rechts an eine libysche LLC enthalten. Die Lizenzgebühren betragen 100.000 €. Dem stehen 90.000 € Betriebsausgaben für diese Lizenzgebühren gegenüber. Da Libyen die Lizenzgebühren mit 12 % brutto (ohne Betriebsausgabenabzug) besteuert, fallen dort umgerechnet 12.000 € Steuern an.

Wie viel Steuern muss die D GmbH auf ihre ausländischen Einkünfte i.S.v. § 34d Nr. 7 i.V.m. Nr. 2 lit. a) EStG in Deutschland zahlen, wenn die libyschen Steuern nach § 34c Abs. 1 EStG angerechnet oder nach § 34c Abs. 2 EStG abgezogen werden?

Bei Anwendung des § 34c Abs. 1 EStG läuft die Anrechnung der libyschen Steuern zum großen Teil ins Leere. Da die D GmbH die Betriebsausgaben berücksichtigt, beträgt der Gewinn aus der Vergabe von Lizenzen nach deutschem Verständnis 10.000 €. Darauf fallen zunächst 15 % KSt und SolZ (sowie GewSt) an.

Wegen des AHB (Minimum) können nicht mehr als (15 % von 10.000 € =) 1.500 € an ausländischen Steuern angerechnet werden. Damit zahlt die D GmbH weder KSt noch SolZ auf ihre Lizenzeinkünfte.

Bei Anwendung des § 34c Abs. 2 EStG mindert der Abzug der libyschen Steuern i.H.v. 12.000 € den Gewinn der D GmbH aus der Vergabe von Lizenzen von 10.000 € auf ./. 2.000 €. Damit fallen in Deutschland auch beim Abzug keine Steuern an. Aber **zusätzlich** können **2.000 € Verlust** mit anderen Einkunftsquellen verrechnet oder nach § 10d EStG zurück- bzw. vorgetragen werden. Die Option lohnt sich also auch in diesem Fall.

3 Der Abzug von Amts wegen

In § 34c Abs. 3 EStG nennt der Gesetzgeber drei weitere Fälle, bei denen der Abzug (hier aber von Amts wegen!) vorgenommen wird. § 34c Abs. 3 EStG greift nur, wenn die Tatbestandsvoraussetzungen des § 34c Abs. 1 EStG (und damit die des § 34c Abs. 2 EStG) nicht erfüllt sind. Ein Abzug nach § 34c Abs. 3 EStG wird vorgenommen:

▶ wenn keine ausländischen Einkünfte i.S.v. § 34d EStG vorliegen,

▶ die ausländische Steuer nicht der deutschen entspricht

▶ oder die Steuer in einem Drittstaat gezahlt wurde.

Was sind das nun für Fälle, die § 34c Abs. 3 EStG nennt?

Fall 28
Abzug von Amts wegen

Die D GmbH erzielt neben ihren inländischen Einkünften auch Einkünfte durch Wirtschaftsbeziehungen zum Ausland:

1. Sie verkauft regelmäßig Wirtschaftsgüter nach Chile, ohne dort eine Betriebsstätte zu unterhalten. Der Verkauf wird in Chile einer sog. Liefergewinnbesteuerung unterworfen.

2. Sie unterhält eine Betriebsstätte in Jordanien. Der Betriebsstättengewinn wird einer Steuer unterworfen, deren Bemessungsgrundlage sich aus einer Mischung aus Grundstücksgröße und Umsatz ergibt.

3. Sie unterhält eine Betriebsstätte in Libyen, die Babywindeln produziert. Um ihren Betriebsstättenabsatz zu sichern, beteiligt sich die Betriebsstätte an einer ägyptischen Ltd., die Babyartikel in Kairo verkauft. Die Ltd. schüttet eine Dividende an die Betriebsstätte aus und behält 20% QuSt ein.

Prüfen Sie, ob eine Anrechnung der ausländischen Steuern nach § 34c Abs. 1 EStG möglich ist.

zu 1. Eine Anrechnung nach § 34c Abs. 1 EStG und damit auch der Abzug nach § 34c Abs. 2 EStG ist nur möglich, wenn **ausländische Einkünfte** i.S.v. § 34d EStG vorliegen. Hier wäre § 34d Nr. 2 lit. a) EStG einschlägig. Allerdings fehlt es an der im ausländischen Staat belegenen Betriebsstätte. Daher greifen weder § 34c Abs. 1 noch § 34c Abs. 2 EStG. Aus Mitleid nimmt der Fiskus den Steuerabzug nach § 34c Abs. 3 EStG von Amts wegen vor.

zu 2. Eine Anrechnung nach § 34c Abs. 1 EStG und damit auch der Abzug nach § 34c Abs. 2 EStG ist nur möglich, wenn die **ausländische Steuer** der deutschen ESt bzw. KSt **entspricht**. Das ist hier erkennbar nicht der Fall, weil die Steuer eine Mischung aus Grund- und Umsatzsteuer darstellt. Daher greifen weder § 34c Abs. 1 noch § 34c Abs. 2 EStG. Deshalb nimmt die Finanzverwaltung auch hier den Steuerabzug nach § 34c Abs. 3 EStG von Amts wegen vor.

zu 3. Eine Anrechnung nach § 34c Abs. 1 EStG und damit auch der Abzug nach § 34c Abs. 2 EStG ist nur möglich, wenn die **ausländische Steuer in dem Staat** erhoben wurde, **in dem auch die Einkünfte erzielt wurden**. Hier liegen (aufgrund der funktionalen Zugehörigkeit) libysche Betriebsstätteneinkünfte vor. Die QuSt wurde aber von Ägypten erhoben. Daher greifen weder § 34c Abs. 1 noch § 34c Abs. 2 EStG. Also nimmt die Finanzverwaltung auch hier den Steuerabzug nach § 34c Abs. 3 EStG von Amts wegen vor.

4 Pauschalierung und Erlass

Zwei weitere unilaterale Maßnahmen zur Verminderung der Doppelbesteuerung, die Pauschalierung und der Erlass, seien ergänzend erwähnt. Der Gesetzgeber hat zur Pauschalierung in § 34c Abs. 5 EStG eine Ermächtigung formuliert, die durch das BMF-Schreiben vom 10.04.1984 (Pauschalierungserlass, BStBl. I 1984, S. 252–253) umgesetzt wurde. Auf Antrag können bestimmte Gewerbetreibende und Selbständige die ausländischen Einkünfte mit 25% versteuern lassen. Eine Anrechnung oder ein Abzug der ausländischen Steuer ist dann nicht möglich. Der Pauschalierungserlass spielt in der Praxis allerdings kaum eine Rolle.

Anders sieht es mit dem Erlass der deutschen Steuern bei begünstigten Auslandstätigkeiten aus. Der Verzicht Deutschlands auf die ESt für Arbeitnehmer, die im Ausland tätig sind, wird im sog. **Auslandstätigkeitserlass** (**ATE**, BMF-Schreiben vom 31.10.1983, BStBl. I 1983, S. 470–471) geregelt. Der Erlass der Steuer wird in der Literatur zwar regelmäßig als eine besondere Maßnahme zur Vermeidung der Doppelbesteuerung genannt, stellt aber nur einen Anwendungsfall der Freistellungsmethode unter Progressionsvorbehalt dar. Der Auslandstätigkeitserlass wird in Lektion 8 behandelt.

Lektion 6: Sonderregeln für Dividenden und Zinsen

Da die Besteuerung der Kapitaleinkünfte in Deutschland durch die Unternehmenssteuerreform 2008 grundlegend geändert wurde, hat der Gesetzgeber auch gleich noch eine kleine Verkomplizierung eingebaut. Die Anrechnung der ausländischen Steuer wird bei Kapitaleinkünften nicht mehr durch § 34c EStG, sondern durch § 32d Abs. 5 EStG geregelt. Die Wirkungsweise soll durch Lektion 6 verdeutlicht werden. Zudem werden ein paar grundlegende Probleme bei der Anrechnung der ausländischen Steuern skizziert.

Leitsatz 6

Die Anrechnung bei Kapitaleinkünften

§ 34c Abs. 1 EStG enthält die Grundnorm zur **Steueranrechnung**.
Für **Kapitaleinkünfte** wurde die **Sondernorm** § 32d Abs. 5 EStG geschaffen.
Schachteldividenden **an KapGes**, die veranlagt werden, sind nach § 8b Abs. 1 S. 1 KStG freigestellt.

1 Anrechnung bei Kapitaleinkünften

Fall 29
Anrechnung bei Kapitaleinkünften

Doris ist zu 50 % an einer libyschen KapGes beteiligt. Die Beteiligung wird im Privatvermögen gehalten, sie optiert nicht zum TEV. Die KapGes schüttet eine Dividende aus, von der Doris brutto 60.000 € abzüglich 20 % QuSt erhält. Ihr fließen also 48.000 € zu. Ihre anderen Einkünfte betragen 100.000 €. Außerdem hat Doris auf einem libyschen Bankkonto Festgeld angelegt. Ihre Zinsen betragen 1.000 €. Die libysche Bank behält 25 % QuSt ein. Wie erfolgt die Besteuerung in Deutschland?

Doris ist mit ihren EaKV in Deutschland unbeschränkt einkommensteuerpflichtig. Diese Einkünfte sind ausländische i.S.v. § 34d Nr. 6 EStG.

Die Dividenden unterliegen in Deutschland der Abgeltungsteuer (KESt und SolZ). Allerdings wurde keine deutsche KESt einbehalten. Daher muss sie die Dividenden in ihrer Einkommensteuererklärung angeben. Sie kann sich ihre ausländische QuSt S_A (12.000 €) gem. § 32d Abs. 5 i.V.m. Abs. 1 EStG auf ihre deutsche ESt anrechnen, weil diese das Minimum aus S_A, S_I und AHB ist.

Die Zinsen unterliegen in Deutschland ebenfalls der Abgeltungsteuer (KESt und SolZ). Auch sie sind in der Einkommensteuererklärung zu deklarieren. Sie kann sich auch diese ausländische QuSt S_A (250 €) gem. § 32d Abs. 5 i.V.m. Abs. 1 EStG auf ihre deutsche ESt anrechnen, weil diese das Minimum aus S_A, S_I und AHB ist.

Die Günstigerprüfung nach § 32d Abs. 6 EStG ist auch bei ausländischen Kapitalerträgen möglich.

2 Anrechnung im TEV

Fall 30
Ermittlung des AHB

Doris ist zu 50 % an einer libyschen KapGes beteiligt. Sie hat gem. § 32d Abs. 2 Nr. 3 lit. a) EStG zum TEV optiert. Die KapGes schüttet eine Dividende aus, von der Doris brutto 60.000 € abzüglich 20 % QuSt erhält. Ihr fließen also 48.000 € zu.

Außerdem erzielt sie noch 52.000 € inländische Einkünfte aus anderen Quellen. Damit beträgt die Summe der Einkünfte (52.000 € + 0,6 × 60.000 € =) 88.000 €. Ferner macht sie Sonderausgaben und außergewöhnliche Belastungen i.H.v. 8.000 € geltend. Ihr zvE sei daher 80.000 €.

Wie erfolgt die Besteuerung in Deutschland? Gehen Sie vom ESt-Tarif 2016 aus.

Vor der Lösung des Falls soll noch ein Problem angerissen werden, das in der Praxis zu Anrechnungsüberhängen führen kann.

Der Grundgedanke der begrenzten Anrechnung nach § 34c Abs. 1 EStG ist Ihnen inzwischen bekannt. Natürlich dürfen nicht mehr ausländische Steuern angerechnet werden als in Deutschland (S_I) und im Quellenstaat (S_A) gezahlt wurden. Der AHB ermittelt sich eigentlich, indem der Durchschnittssteuersatz des Steuerpflichtigen auf sein Welteinkommen ermittelt und mit den ausländischen Einkünften multipliziert wird. Der Steuerpflichtige darf nicht mehr anrechnen als er in Deutschland auf die ausländischen Einkünfte zahlen würde. Hier taucht allerdings ein Problem auf. Da Deutschland auf die Dividende das TEV anwendet, also nur zu 60 % besteuert, ermittelt sich der AHB, indem der Durchschnittssteuersatz mit 60 % der Dividende multipliziert wird. Dadurch kann es auch bei normalen ausländischen QuSt-Sätzen schnell zu Anrechnungsüberhängen kommen.

Aber nun zurück zum Fall 30.

Doris ist mit ihren EaKV in Deutschland unbeschränkt einkommensteuerpflichtig. Diese Dividenden sind ausländische Einkünfte i.S.v. § 34d Nr. 6 EStG. Die Dividenden unterliegen zu 60 % der ESt (§ 20 Abs. 1 Nr. 1 i.V.m. § 32d Abs. 2 Nr. 3 lit. a) EStG und § 3 Nr. 40 lit. d) EStG). Sie kann sich ihre ausländische QuSt S_A (12.000 €) gem. § 34c Abs. 1 EStG auf ihre deutsche ESt anrechnen, sofern diese das Minimum aus S_A, S_I und AHB ist. Die Anrechnung nach § 32d Abs. 5 greift hier nicht, weil § 32d Abs. 2 (und nicht 3 oder 4) EStG einschlägig ist.

S_A beträgt 12.000 €. Bei einem zvE i.H.v. 80.000 € beträgt die ESt (S_I) 25.205 €. Der AHB ermittelt sich, indem der Durchschnittssteuersatz, also (25.205 € / 80.000 € =) 31,5 % mit 60 % der Dividende multipliziert wird. Das ergibt einen AHB i.H.v. 11.350 €. Da der AHB das Minimum darstellt, kann Doris nur diesen Betrag auf ihre ESt anrechnen.

Ein weiteres ökonomisches Problem liegt darin, dass die KSt der KapGes bei Doris nicht anrechenbar ist, weil sie die Steuer einer anderen Rechtsperson ist. Juristisch wird also die Doppelbesteuerung vermieden, wirtschaftlich aber nicht. Diese unbefriedigende Situation wird von § 34c Abs. 1 EStG in Kauf genommen. Man spricht hier von direkter Anrechnung, im Gegensatz zur indirekten Anrechnung, bei der auch Steuern anderer Rechtssubjekte anrechenbar sind. Die indirekte Anrechnung wenden z.B. die USA und UK an. Wir werden aber auch Fälle im deutschen Steuerrecht kennen lernen, bei denen ausnahmsweise eine indirekte Anrechnung erfolgt.

3 Beteiligungserträge von KapGes

Fall 31
Freistellung und Wegelagersteuer

Weil das Geschäft recht gut läuft, hat die D GmbH auch ein Unternehmen in Bengasi (Libyen) gekauft, das von der libyschen und deutschen Finanzverwaltung als KapGes eingestuft wird. Die D GmbH hat für die Finanzierung bei der Sparkasse Oder-Spree einen Kredit i.H.v. 100.000 € aufgenommen. Die Tochtergesellschaft macht regelmäßig Gewinne, die nach Abzug von Income Tax, Defense Tax und QuSt in Libyen als Dividenden an die D GmbH ausgeschüttet werden. Unklar ist, wie die Dividenden bei der D GmbH zu behandeln und ob die Kreditzinsen als Betriebsausgaben abzugsfähig sind.

Können die ausländischen Steuern in Deutschland berücksichtigt werden?

Die D GmbH ist in Deutschland unbeschränkt steuerpflichtig mit ihrem Welteinkommen, also auch mit der Dividende. Die Bruttodividende (d.h. ohne QuSt, vgl. § 10 Nr. 2 KStG) ist aber gem. **§ 8b Abs. 1 S. 1 KStG steuerfrei**, sofern die Beteiligung mindestens 10 % beträgt (sog. Schachtelbeteiligung, § 8b Abs. 4 KStG). Grundsätzlich sind nach § 3c Abs. 1 EStG i.V.m. § 8 Abs. 1 KStG Betriebsausgaben im Zusammenhang mit steuerfreien Einnahmen nicht abzugsfähig. § 8b Abs. 5 KStG macht allerdings, wegen der Abgrenzungsprobleme, eine Ausnahme. Alle Betriebsausgaben sind abzugsfähig, dafür gelten pauschal 5 % der Dividende als nicht abzugsfähige Betriebsausgabe. Die Steuerbelastung, die sich aus § 8b Abs. 5 KStG ergibt, wird in der Praxis und Literatur auch **Wegelagersteuer** genannt.

Da die Dividende steuerfrei ist, erfolgt auch keine Anrechnung der QuSt. Dies ergibt sich aus der Logik (niemals werden Freistellung und Anrechnung zugleich gewährt) und der Technik des § 34c Abs. 1 EStG (der AHB ist null).

Findige Geister könnten darüber schwadronieren, ob die QuSt zumindest auf die Wegelagersteuer anrechenbar sein könnte. Hier geht es aber nicht um Einkünfte, sondern um nicht abzugsfähige Betriebsausgaben.

Lektion 7: Gewerbliche Einkünfte

Lektion 7 soll die steuerlichen Probleme aufzeigen, die entstehen können, wenn

▶ ausländische Betriebsstättenverluste vom Gesetzgeber als passive (schlechte) Einkünfte angesehen werden.

▶ durch die unterschiedliche Qualifikation eines Unternehmens durch die beteiligten Staaten Zurechnungskonflikte entstehen.

Leitsatz 7

Betriebsstättenverluste ohne DBA und intransparente PersGes

Erzielen unbeschränkt Steuerpflichtige **Verluste aus Drittstaaten** (Staaten, die nicht dem EWR angehören), hat der Gesetzgeber Sorge, dass diese nur erzielt wurden, um in Deutschland Steuern zu sparen. Daher hat er in **§ 2a EStG** einen Katalog von **schlechten Einkünften** kodifiziert, bei denen die Verluste in Deutschland steuerlich nicht anerkannt werden.

Zurechnungsprobleme entstehen insbesondere, wenn der deutsche Fiskus ein Unternehmen steuerlich **transparent** (als PersGes), der ausländische Fiskus aber **intransparent** (als KapGes) behandelt. Dies betrifft sowohl die Gewinnentstehung als auch die Gewinnverwendung. Bei der Gewinnentstehung erfolgt ausnahmsweise eine **indirekte Anrechnung** der KSt beim Gesellschafter, während bei der Gewinnverwendung keine QuSt-Anrechnung möglich ist.

1 Ausländische Betriebsstättenverluste

Zum Einstieg zunächst ein ganz einfacher Fall.

■ Fall 32
Gute Betriebsstättengewinne

Die D GmbH produziert in Berlin Babywindeln. Außerdem unterhält sie in Libyen eine Betriebsstätte, die ebenfalls Babywindeln herstellt. Nach libyschen Gewinnermittlungsvorschriften erzielt die Betriebsstätte einen Gewinn i.H.v. 100.000 €. Darauf werden 25.000 € Income Tax und Defense Tax erhoben. Nach deutschen Gewinnermittlungsvorschriften würde sich ein Gewinn i.H.v. 120.000 € ergeben. Das deutsche Stammhaus hat ein Einkommen i.H.v. 380.000 € erwirtschaftet. Wie wird der Betriebsstättenerfolg in Deutschland steuerlich behandelt?

Das sollte für Sie inzwischen trivial sein. Die D GmbH ist, wie immer, in Deutschland mit ihrem Welteinkommen unbeschränkt steuerpflichtig nach § 1 Abs. 1 und 2 KStG. Daher sind die Betriebsstätteneinkünfte in Deutschland zu versteuern. Sie stellen ausländische Einkünfte i.S.v. § 34d Nr. 2 lit. a) EStG i.V.m. § 8 Abs. 1 KStG dar. Die libyschen Steuern entsprechen der deutschen KSt. Die libyschen Steuern sind daher grundsätzlich anrechenbar nach § 34c Abs. 1 EStG i.V.m. § 26 KStG. Der Besteuerung werden die deutschen Gewinnermittlungsvorschriften zugrunde gelegt. Anrechenbar ist das Minimum aus S_A, S_I und AHB. S_A beträgt 25.000 €, S_I 75.000 € und der AHB (15 % von 120.000 € =) 18.000 €. Damit können maximal 18.000 € libysche Steuern angerechnet werden. Der Anrechnungsüberhang i.H.v. 7.000 € verfällt.

Jetzt wird der Fall etwas aufgepeppt.

Immer noch **Fall 32**
Gute Betriebsstättenverluste

Die D GmbH produziert in Berlin Babywindeln. Außerdem unterhält sie in Libyen eine Betriebsstätte, die ebenfalls Babywindeln herstellt. Nach libyschen Gewinnermittlungsvorschriften erzielt die Betriebsstätte einen Gewinn i.H.v. 100.000 €. Darauf werden 25.000 € Income Tax und Defense Tax erhoben. Nach deutschen Gewinnermittlungsvorschriften würde sich diesmal jedoch ein **Verlust** i.H.v. 25.000 € ergeben. Wie wird der Betriebsstättenerfolg in Deutschland steuerlich behandelt?

Der Anfang ist wie er ist. Die D GmbH ist in Deutschland mit ihrem Welteinkommen unbeschränkt steuerpflichtig nach § 1 Abs. 1 und 2 KStG. Daher sind die Betriebsstätteneinkünfte in Deutschland zu versteuern. Sie stellen ausländische Einkünfte i.S.v. § 34d Nr. 2 lit. a) EStG dar. Die libyschen Steuern entsprechen der deutschen KSt und sind daher grundsätzlich anrechenbar nach § 34c Abs. 1 EStG i.V.m. § 26 KStG. Der Besteuerung werden jedoch die deutschen Gewinnermittlungsvorschriften zugrunde gelegt. Da sich so ein Verlust ergibt, würde die Anrechnung ins Leere laufen (AHB = 0 €).

Daher sollte die D GmbH einen Antrag nach § 26 KStG i.V.m. § 34c Abs. 2 EStG auf Abzug der libyschen Steuern stellen. Damit kann sie den libyschen Betriebsstättenverlust (25.000 €) und zusätzlich die libyschen Steuern (25.000 €) wie eine Betriebsausgabe steuerlich geltend machen.

Fall 33
Schlechte Betriebsstättenverluste

Wie Fall 32. Allerdings betreibt die Betriebsstätte in der Sahara für Touristen ein Skigebiet, in dem auf Sanddünen Ski und Snowboard gefahren werden kann (das funktioniert!). Wie wird der Betriebsstättenverlust in Deutschland steuerlich behandelt?

Da das Skigebiet eine Anlage ist, die dem Fremdenverkehr dient (vgl. § 2a Abs. 2 S. 1 EStG), qualifiziert der Gesetzgeber die Betriebsstättenverluste als schlechte Einkünfte, die das zvE nicht mindern dürfen. Allerdings könnten sie mit libyschen Betriebsstättengewinnen derselben Art verrechnet bzw. vorgetragen werden (§ 2a Abs. 1 EStG).

Damit ist aber noch nichts über den Abzug der libyschen Steuern nach § 34c Abs. 2 EStG gesagt. Hierzu trifft § 2a EStG keine Aussage. Da diese Steuern wie Betriebsausgaben abgezogen werden, behandelt die Finanzverwaltung sie seit 1992 auch als Betriebsausgaben (vgl. Verfügung der OFD Frankfurt/Main vom 24.08.1998, betr. Steuerermäßigung bei ausländischen Einkünften, S 2293 A – 55 – St II 2 a/25). Sie erhöhen also technisch den Betriebsstättenverlust und können daher wegen § 2a EStG ebenfalls nicht abgezogen werden.

Fall 34
Verluste aus Mitunternehmeranteilen im Ausland

Dieter ist diesmal an einer chilenischen PersGes beteiligt, die Verluste (aus guter Tätigkeit i.S.v. § 2a Abs. 2 EStG) erzielt. Können sie anteilig in Deutschland geltend gemacht werden?

Grundsätzlich ja! Die Verlustzuweisung aus der Mitunternehmerschaft führt bei Dieter zu negativen EaGB und mindert damit sein zvE.

Fall 35
Verluste aus Kommanditanteilen im Ausland

Dieter ist diesmal an einer chilenischen S.C. (entspricht einer KG) beteiligt, die Verluste erzielt. Seine Haftung ist auf die Einlage begrenzt. Ändert sich jetzt etwas?

Auch diese Verlustzuweisung führt bei Dieter zu negativen EaGB i.S.v. § 15 EStG und mindert damit sein zvE. Allerdings prüft die Finanzverwaltung (wie bei einer deutschen KG), ob eine Verlustverrechnung durch § 15a EStG begrenzt werden kann, weil Dieter nur beschränkt haftet.

2 Intransparente PersGes

Ein weiteres Problemfeld sind Zurechnungskonflikte, wenn der deutsche Fiskus ein Unternehmen steuerlich als PersGes, der ausländische Fiskus dieses aber wie eine KapGes behandelt. Insbesondere in osteuropäischen und romanischen Ländern werden PersGes häufig als eigene Steuersubjekte qualifiziert.

Fall 36
Intransparente PersGes

Doris lebt in Berlin. Gemeinsam mit Laila betreibt sie in Libyen eine LLC, die Gebäck produziert und an arabische Handelsketten vertreibt. Libyen behandelt die LLC intransparent. Die LLC erwirtschaftet einen Gewinn und schüttet diesen im Folgejahr an Doris und Laila aus. Libyen hat sowohl den Gewinn als auch die Ausschüttung besteuert. Welche steuerlichen Folgen ergeben sich für Doris in Deutschland?

Doris unterliegt der unbeschränkten Einkommensteuerpflicht nach § 1 Abs. 1 EStG. Damit wird ihr Welteinkommen in Deutschland besteuert. Fraglich ist, ob die LLC als PersGes oder KapGes qualifiziert wird. Danach richtet sich, ob Doris im Moment des Entstehens der Einkünfte auf Ebene der LLC gewerbliche Einkünfte (§ 15 Abs. 1 S. 1 Nr. 2 EStG) oder im Moment der Ausschüttung des Gewinns Dividendeneinkünfte (§ 20 Abs. 1 Nr. 1 EStG) erzielt.

Der libysche Gesetzgeber behandelt die LLC steuerlich wie eine KapGes. Daher ist (nach libyschem Recht) die LLC selbst Steuersubjekt und die Gesellschafter werden in Libyen erst im Moment der Dividendenausschüttung besteuert. Wie Sie aber bereits wissen, interessiert das die deutsche Finanzverwaltung nicht. Sie prüft selber anhand eines Rechtstypenvergleichs, ob sie die libysche LLC als PersGes oder KapGes einordnet. Der Betriebsstättenerlass enthält zwei Tabellen mit den wichtigsten (aber nicht allen) ausländischen Rechtsformen und ihrer deutschen Entsprechung. Leider findet sich die libysche LLC dort nicht. Also muss der Rechtstypenvergleich anhand geeigneter Beurteilungskriterien vorgenommen werden. Diese befinden sich, wie Sie bereits aus Lektion 1 wissen, im LLC-Schreiben.

Also ergänzen wir den Fall 36.

Doris und Laila haben im Gesellschaftsvertrag unter anderem folgendes vereinbart:

1. Zur Geschäftsführung und Vertretung nach außen ist Laila befugt. Allerdings hat sie bei allen Personalentscheidungen sowie bei Rechtsgeschäften, deren Volumen 10.000 € übersteigt, die Zustimmung von Doris einzuholen.

2. Beide Gesellschafter haften mit ihrer Einlage voll. Darüber hinaus haftet nur Laila mit ihrem Privatvermögen.

3. Der Verkauf von Gesellschaftsanteilen ist jedem Gesellschafter ohne Zustimmung des anderen gestattet.

4. Der Jahresüberschuss wird nach der Höhe der Einlagen verteilt. Vorab erhält Laila 30.000 €.

Wird die deutsche Finanzverwaltung die LLC als PersGes oder als KapGes einordnen?

Das erste Merkmal spricht eher für eine PersGes. Zwar ist eine Person zur Geschäftsführung und Vertretung nach außen befugt, diese ist aber Gesellschafterin. Darüber hinaus hat sie nur eine der Sache und der Höhe nach sehr begrenzte Entscheidungsvollmacht und bedarf darüber hinaus der Zustimmung der anderen Gesellschafterin. Das zweite Merkmal spricht ebenfalls für eine PersGes. Bei KapGes sind in aller Regel (Ausnahme: der persönlich haftende Gesellschafter bei der KGaA) alle Gesellschafter nur beschränkt haftend. Merkmal drei (freie Übertragbarkeit der Anteile) spricht eher für eine KapGes. Und das letzte Merkmal spricht wiederum für eine Gewinnverteilung (ohne vorherigen Gewinnausschüttungsbeschluss) wie bei einer PersGes.

Vergleicht man diese Typenmerkmale mit denen, die im Gliederungspunkt IV. des LLC-Schreibens genannt sind, so sprechen mehr Merkmale für eine PersGes als für eine KapGes. Die deutsche Finanzverwaltung wird die LLC also transparent behandeln.

Aus der unterschiedlichen Einordnung der LLC durch die deutsche und libysche Finanzverwaltung ergibt sich eine Reihe von Problemen. Wenn der Gewinn der LLC entstanden ist, besteuert Libyen diesen. Wichtig dabei ist, dass Libyen die LLC selbst als das Steuersubjekt ansieht; es ist also ihre KSt. Deutschland behandelt die LLC aber transparent, Steuersubjekte sind damit die Gesellschafter. Die unbeschränkt steuerpflichtige Doris hat ausländische Einkünfte i.S.v. § 34d Nr. 2 lit. a) EStG. Fraglich ist damit, ob die libysche Steuer bei Doris nach § 34c Abs. 1 EStG anrechenbar ist.

Eigentlich müssten Sie diese Frage eindeutig verneinen. Doris ist aus deutscher Sicht Mitunternehmerin und damit einkommensteuerpflichtig. Die LLC hat aber KSt gezahlt. Damit würde Doris die Steuer eines anderen Steuerpflichtigen anrechnen und in Leitsatz 5 haben Sie gelernt, dass die indirekte Anrechnung in Deutschland ungebräuchlich ist.

Aber keine Regel ohne Ausnahme. In ihrer schier unermesslichen Güte gestattet die Finanzverwaltung tatsächlich ausnahmsweise die anteilige indirekte Anrechnung der KSt nach § 34c Abs. 1 EStG bei Doris (vgl. BMF-Schreiben zur DBA-Anwendung auf PersGes, Tz. 4.1.4.1). Das ist nett. Aber alle Nettigkeit hat auch ihre Grenzen. Wenn die LLC die Gewinnanteile an Doris und Laila auszahlt, sind dies aus libyscher Sicht Dividenden und aus deutscher Sicht schlicht steuerlich irrelevante Entnahmen. Daher stellt sich die Finanzverwaltung auch bei der Anrechnung der QuSt, die auf die Dividendenzahlung erhoben wurde, stur. Eine Anrechnung der QuSt nach § 34c Abs. 1 EStG bei Doris ist nicht möglich (vgl. ebenfalls BMF-Schreiben zur DBA-Anwendung auf PersGes, Tz. 4.1.4.1).

Lektion 8: Besteuerung der Expats

Wenn Steuerinländer für ihren Arbeitgeber im Ausland arbeiten, schützt dies regelmäßig nicht vor der deutschen Besteuerung, weil das Welteinkommensprinzip greift. Allerdings ist zu prüfen, ob eine Anrechnung oder ein Abzug der ausländischen Steuer möglich ist. Darüber hinaus kann auch der Auslandstätigkeitserlass greifen. Dies soll Lektion 8 verdeutlichen.

> **Leitsatz 8**
>
> **Der Auslandstätigkeitserlass (ATE)**
>
> Sind Expats in einem Staat tätig, mit dem **kein DBA** besteht, unterliegen sie weiterhin der deutschen Besteuerung, sofern sie Wohnsitz oder gewöhnlichen Aufenthalt in Deutschland nicht aufgeben. Eine ausländische Steuer auf den Arbeitslohn kann gem. § 34c EStG angerechnet oder abgezogen werden.
>
> Allerdings ist der **Auslandstätigkeitserlass** (ATE) zu prüfen. Sind die dort genannten **vier Voraussetzungen** erfüllt, werden die Einkünfte in Deutschland unter Progressionsvorbehalt von der ESt **freigestellt**.

1 Regelfall der Expatbesteuerung

Fall 37
Expatbesteuerung

Doris ist Profifußballerin bei Turbine Brandenburg, dem aktuellen Deutschen Meister. Die Mannschaft spielt regelmäßig in der Champions League. Muss sie ihr Gehalt in Deutschland versteuern, wenn die Mannschaft ein Auswärtsspiel hat?

Sie erinnern sich an den Inboundfall (Fall 21), bei dem Ihnen mit überzeugenden Argumenten dargelegt wurde, dass Fußball im Inboundfall ein ganz besonderes Kulturgut ist und Steuerausländer daher nicht in Deutschland besteuert werden.

Doris ist aufgrund ihres Wohnsitzes und gewöhnlichen Aufenthalts unbeschränkt steuerpflichtig in Deutschland (§ 1 Abs. 1 S. 1 EStG i.V.m. §§ 8 und 9 AO). Daher muss sie in Deutschland ihr Welteinkommen versteuern und könnte ggf. die ausländische Lohnsteuer nach § 34c Abs. 1 i.V.m. § 34d Nr. 5 EStG anrechnen. Hat der ausländische Staat mit Deutschland aber die Gegenseitigkeitsvereinbarung getroffen, wird er nicht im Rahmen der beschränkten Steuerpflicht besteuern und es gibt damit für Doris auch nichts anzurechnen.

2 Der Auslandstätigkeitserlass als Ausnahme

Fall 38
Grundfall zum ATE

Dieter aus Berlin wird von seinem deutschen Arbeitgeber, der D GmbH, für sechs Monate nach Bengasi (Libyen) entsandt, um dort den Baufortschritt bei der Errichtung einer neuen Fabrikationsstätte zu beaufsichtigen. Seine Berliner Wohnung behält er in dieser Zeit. Wie wird sein Gehalt in Deutschland besteuert?

Dieter ist aufgrund seines Wohnsitzes unbeschränkt steuerpflichtig in Deutschland (§ 1 Abs. 1 EStG i.V.m. § 8 AO). Eigentlich müsste er in Deutschland sein Welteinkommen versteuern und könnte ggf. die libysche Lohnsteuer nach § 34c Abs. 1 EStG anrechnen. Allerdings ist hier der Auslandstätigkeitserlass (ATE), der bereits in Lektion 5 erwähnt wurde, zu prüfen (bitte aufschlagen!).

Die Einkünfte eines unbeschränkt steuerpflichtigen Arbeitnehmers werden durch den ATE in Deutschland unter Progressionsvorbehalt von der deutschen Steuer freigestellt, wenn

▶ es sich um einen inländischen (oder EWR-)Arbeitgeber handelt,

▶ mit dem Tätigkeitsstaat kein Doppelbesteuerungsabkommen besteht,

▶ die Dauer der Tätigkeit ununterbrochen mehr als drei Monate beträgt,

▶ die Tätigkeit begünstigt ist.

Es handelt sich in Fall 38 um eine begünstigte Tätigkeit für einen inländischen Hersteller im Zusammenhang mit der Einrichtung einer Fabrik, die länger als drei Monate in einem Staat ausgeführt wird, mit dem kein DBA besteht. Die Einkünfte werden also in Deutschland nicht besteuert, weil der ATE greift, aber im Rahmen des Progressionsvorbehalts berücksichtigt (vgl. Punkt IV im ATE).

Fall 39
Ergänzungsfall zum ATE

Dieter ist diesmal bei der deutschen D AG angestellt. Im Auftrag des Unternehmens ging er im August nach Monte Carlo (Monaco), um für das dortige Spielcasino die Installation eines von seinem Unternehmen gelieferten Springbrunnens zu überwachen. Insgesamt war er vier Monate in Monaco. Während dieser Zeit erhielt er sein Gehalt von der AG. Zwei Wochen im November machte er jedoch Urlaub im nahen Nizza (Frankreich). Nach Abschluss der Arbeiten erhielt er vom Fürsten von Monaco für die hervorragende Arbeit Jetons für das Spielcasino geschenkt. Erläutern Sie, ob der Arbeitslohn in Deutschland besteuert wird. Gehen Sie dabei auch auf das Geschenk ein.

Dieter ist gem. § 1 Abs. 1 S. 1 EStG unbeschränkt steuerpflichtig in Deutschland, sofern er seinen Wohnsitz im Inland nicht aufgegeben hat. Es gilt das Welteinkommensprinzip. Die Einnahmen bleiben jedoch aufgrund des ATE steuerfrei. Dieter übt eine begünstigte Tätigkeit nach Punkt I ATE für einen deutschen Arbeitgeber in einem Staat aus, mit dem kein DBA besteht. Die Dauer seiner Tätigkeit überschreitet die von Punkt II ATE geforderte Mindestfrist von drei Monaten. Auch wenn er seinen Urlaub nicht in Monaco verbracht hat, sondern in ein Drittland gereist ist, schadet die Urlaubsunterbrechung nicht; sie wird dann jedoch bei der Berechnung der Dreimonatsfrist nicht mitgerechnet (vgl. Punkt II im ATE). Zu den steuerfreien Einnahmen gehört auch der Wert der Jetons, da Punkt III Nr. 2 ATE nur fordert, dass die Prämie im Zusammenhang mit der begünstigten Auslandstätigkeit gezahlt wird. Nicht erforderlich ist, dass der Zahlende der Arbeitgeber ist.

III. Abkommensrecht

Bilaterale Maßnahmen zur Vermeidung der Doppelbesteuerung sind in den **Doppelbesteuerungsabkommen (DBA)** geregelt. Ein DBA ist ein Vertrag zwischen zwei Staaten, in dem sie vereinbaren, wer bei Doppelbesteuerungsfällen in welchem Umfang auf eine Besteuerung verzichtet. Deutschland hat mit einer Vielzahl von Staaten solche Abkommen abgeschlossen. Jedes Jahr wird vom BMF im Januarheft des BStBl. I ein Schreiben veröffentlicht, aus dem sich ergibt, mit welchen Staaten DBA bestehen und wo sie abgedruckt sind. Sie können sie sich aber auch einfach kostenlos als pdf-Dateien von der Homepage des BMF

http://www.bundesfinanzministerium.de/Web/DE/Themen/Steuern/Internationales_Steuerrecht/Staatenbezogene_Informationen/staatenbezogene_info.html

herunterladen. Oder geben Sie einfach in Ihrer Suchmaschine „DBA" und „BMF" ein.

Lektion 9: Inhalt und Aufbau eines Doppelbesteuerungsabkommens

Ziel der Lektion 9 ist, Ihnen die Wirkungsweise eines Doppelbesteuerungsabkommens (DBA) zu verdeutlichen.

Deutschland hat etwa 100 DBA abgeschlossen. Damit nicht jedes DBA anders aussieht, hat die OECD ein Musterabkommen entworfen (**OECD-MA**), das als Vorlage für die Vertragsverhandlungen zweier Vertragsstaaten dienen soll. Das DBA zwischen Deutschland und Polen orientiert sich sehr stark an diesem OECD-MA und ist daher für den Einstieg sehr gut geeignet. Das ist nicht immer so. Die USA etwa ignorieren das OECD-MA, weil sie ein eigenes Musterabkommen entwickelt haben, das – wer hätte das erwartet? – die Interessen der USA besonders berücksichtigt. Die neueren durch Deutschland abgeschlossenen DBA orientieren sich zudem an der durch das BMF im Jahr 2013 veröffentlichten deutschen DBA-Verhandlungsgrundlage, die seitdem die Ausgangslage deutscher Abkommenspolitik verkörpert. Sie finden dieses deutsche „Muster-DBA" in der Materialsammlung (s. Prolog).

Leitsatz 9

Prüfungsaufbau bei Sachverhalten mit Abkommensrecht

Abkommensrecht ist **Schrankenrecht**. Die Steuerpflicht ergibt sich allein aus den nationalen Vorschriften der beteiligten Staaten. Daraus folgt der Prüfungsaufbau:

1. Hat der **Quellenstaat nach nationalem Steuerrecht** einen Anspruch?
   Er ergibt sich i.d.R. aus der beschränkten Steuerpflicht!

2. Wird dieser **durch das DBA eingeschränkt?**
   Personellen und sachlichen Geltungsbereich prüfen!
   Zuweisung des Besteuerungsrechts aus den **Verteilungsnormen** prüfen!

3. Hat der **Ansässigkeitsstaat nach nationalem Steuerrecht** einen Anspruch?
   Er ergibt sich i.d.R. aus der unbeschränkten Steuerpflicht!

4. Wird dieser **durch das DBA eingeschränkt?**
   Methodenartikel prüfen!

1 Geltungsbereich und Definitionen des Abkommens

Bitte vergleichen Sie das aktuelle DBA Deutschland/Polen (DBA D/PL) mit den folgenden Ausführungen. Die neueren DBA, die Deutschland abgeschlossen hat, haben immer den gleichen Aufbau.

Zunächst werden der personelle und der sachliche Geltungsbereich des Abkommens dargelegt. In den ersten Artikeln des Abkommens steht, für welche Personen und Steuerarten in welchem Staat das jeweilige DBA gilt. Beispielsweise wird festgelegt, dass das Abkommen nur für Personen gilt, die zumindest in einem der Vertragsstaaten ansässig sind (Art. 1 DBA D/PL). Dies ist sehr wichtig, weil damit festgelegt wird, wer eigentlich unter den Abkommensschutz fällt.

Lektion 9: Inhalt und Aufbau eines Doppelbesteuerungsabkommens

> Die **Ansässigkeit** ist abkommensrechtlich sehr wichtig. Nur wer in (mindestens) einem der beiden Vertragsstaaten ansässig ist, fällt unter den Abkommensschutz. Bei Doppelansässigkeit regelt meist Art. 4 Abs. 2 bzw. Abs. 3 DBA (**Tie-Breaker-Rule**), in welchem Vertragsstaat der Steuerpflichtige als ansässig gilt.

Fall 40
Ansässigkeit hybrider Gesellschaften

Eine amerikanische LLC erhält aus Deutschland eine Dividende. Wird ihr der Abkommensschutz gewährt? Hinweis: Die USA behandeln diese LLC steuerlich intransparent, Deutschland aber (nach Rechtstypenvergleich) transparent.

Unter den Schutz eines Abkommens fallen gem. Art. 1 DBA USA/D nur Personen, die mindestens in einem der beiden Vertragsstaaten ansässig sind. Artikel 4 Abs. 1 S. 1 DBA USA/D wiederum definiert, was eine in einem Vertragsstaat ansässige Person ist. Sie muss zumindest in einem der beiden Vertragsstaaten aufgrund ihres Wohnsitzes, ihres ständigen Aufenthalts, des Ortes ihrer Geschäftsleitung oder eines anderen ähnlichen Merkmals steuerpflichtig sein.

Die LLC wird annahmegem. in den USA intransparent behandelt, ist dort also ein Steuersubjekt und damit auch steuerpflichtig. Daher stellen die USA sie unter den Abkommensschutz. Obwohl die deutsche Finanzverwaltung die LLC nach nationalem Recht aufgrund des Rechtstypenvergleichs transparent behandelt, wird ihr auch von Deutschland der Abkommensschutz gewährt (vgl. hierzu § 50d Abs. 1 S. 11 EStG). Damit wird ihr nach Art. 10 Abs. 2 lit. a) DBA USA/D für die Dividenden das abkommensrechtliche Schachtelprivileg gewährt.

Fall 41
Doppelansässigkeit natürlicher Personen

Dieter lebt in Berlin. Er hat aber auch in Österreich eine Wohnung, die er regelmäßig und intensiv nutzt. Wo ist Dieter ansässig?

Nach dem jeweils nationalen Recht ist Dieter in Deutschland (ein Wohnsitz und der gewöhnliche Aufenthalt liegen vor) und auch in Österreich (ein

Wohnsitz liegt nach österreichischem Recht vor, wenn er die Zweitwohnung mehr als 70 Tage im Jahr nutzt) unbeschränkt steuerpflichtig. Nach Art. 4 Abs. 1 DBA D/A ist er damit auch in beiden Staaten ansässig.

Die Verteilungsnormen im DBA gehen davon aus, dass der Abkommensberechtigte genau in einem der beiden Vertragsstaaten ansässig ist. Daher muss bei Doppelansässigkeit eine Entscheidung darüber getroffen werden, in welchem Abkommensstaat er als ansässig gilt. Bitte lesen Sie Art. 4 Abs. 2 DBA D/A (Tie-Breaker-Rule) und denken Sie dabei darüber nach, in welchen Lebenssituationen die Menschen leben, die sich von lit. a) bis lit. d) durcharbeiten müssen. Und lesen Sie bitte auch kurz Art. 4 Abs. 3 DBA D/A.

Art. 2 DBA D/PL benennt die Steuern, für die das Abkommen gilt (sachlicher Geltungsbereich). I.d.R. sind es die Ertragsteuern, häufig auch Vermögensteuern (auch wenn in Deutschland und Polen zurzeit keine Vermögensteuer erhoben wird) und selten auch Erbschaft- und/oder Schenkungsteuern.

Im nächsten Teil des Abkommens folgen die abkommensrechtlichen Definitionen. In den Art. 3 bis 5 wird z.B. definiert, was eine Betriebsstätte oder eine Gesellschaft i.S.d. jeweiligen DBA ist. Eine abkommensrechtliche Definition kann durchaus von derjenigen im nationalen Recht abweichen.

Fall 42
Montagebetriebsstätten

Pawel produziert in Polen Fertighäuser für den deutschen Markt und baut sie dann vor Ort auf. Die Montage dauert i.d.R. sieben Monate. Unterhält Pawel eine Betriebsstätte in Deutschland?

Es liegt eine sog. Montagebetriebsstätte vor. Nach § 12 S. 2 Nr. 8 AO wird bereits bei einer Dauer der Montage von mehr als sechs Monaten eine Betriebsstätte angenommen. Damit hätte Deutschland nach § 1 Abs. 4 i.V.m. § 15 Abs. 1 und § 49 Abs. 1 Nr. 2 lit. a) EStG ein Besteuerungsrecht.

Nach Art. 5 Abs. 3 DBA D/PL stellt eine Bauausführung oder Montage aber nur dann eine Betriebsstätte dar, wenn ihre Dauer zwölf Monate überschreitet. Da abkommensrechtlich also keine Betriebsstätte existiert, verliert Deutschland gem. Art. 7 Abs. 1 S. 1 DBA D/PL das Besteuerungsrecht.

> Die **Definitionen** in den **Art. 3 bis 5 DBA** können von denen im nationalen Recht abweichen. Sie gehen daher bei der Auslegung eines DBA vor (**abkommensautonome Auslegung**). Werden aber Begriffe, die ein DBA verwendet, dort nicht definiert, gestattet Art. 3 Abs. 2 DBA, dass ein Staat bei der Begriffsbestimmung ausnahmsweise auch auf seine **nationalen Definitionen** zurückgreifen kann.

Darauf werden wir später zurückkommen.

2 Die Verteilungsnormen

In den Art. 6 ff. DBA werden die vereinbarten Verteilungsnormen dargelegt. Dies ist materiell der wichtigste Teil eines Abkommens. Hier werden die abkommensrechtlichen Einkunftsquellen genannt und die Besteuerungsrechte auf die Vertragsstaaten verteilt. Bedenken Sie, dass nicht alle Staaten der Welt für Zwecke der Einkommensermittlung die gleichen sieben Einkunftsarten unterscheiden wie der deutsche Gesetzgeber in § 2 Abs. 1 S. 1 EStG! Daher handelt es sich in den Art. 6 bis 23 DBA D/PL nicht um Einkunftsarten, sondern um Einkunftsquellen.

Bei der abkommensrechtlichen Zuteilung der Besteuerungsrechte sind zwei Wege möglich. Zum einen kann das Besteuerungsrecht allein einem Vertragsstaat zugewiesen werden (abschließende Rechtsfolge; erkennbar an dem Wort „nur"). Zum anderen ist aber auch möglich, dass beide Vertragsstaaten besteuern dürfen (offene Rechtsfolge). In diesem Fall kommt für die Vermeidung der Doppelbesteuerung dem Methodenartikel eine zentrale Rolle zu.

3 Der Methodenartikel

Nach den Verteilungsnormen folgt der Methodenartikel (Umfang des Besteuerungsverzichts). Der Methodenartikel ist das Herz eines DBA. Er ist i.d.R. in Art. 23 oder 24 kodifiziert und regelt, wie der Ansässigkeitsstaat (!) die Doppelbesteuerung vermeidet.

Wenn nach einer Verteilungsnorm beide Vertragsstaaten (Quellenstaat und Ansässigkeitsstaat) einen Steuerzugriff haben, ordnet der **Methodenartikel** (Art. 24 DBA D/PL oder Art. 23 DBA D/A) die Vermeidung der Doppelbesteuerung durch den Ansässigkeitsstaat an. Hierfür werden zwei alternative Methoden angewendet:

Entweder werden die ausländischen Einkünfte im Ansässigkeitsstaat von der Besteuerung freigestellt (**Freistellungsmethode**) oder die Steuern des Quellenstaates im Ansässigkeitsstaat angerechnet (**Anrechnungsmethode**).

Die Freistellungsmethode ist i.d.R. mit einem **Progressionsvorbehalt** verbunden (vgl. z.B. Art. 24 Abs. 1 lit. d) DBA D/PL). Werden die ausländischen Einkünfte in Deutschland als Ansässigkeitsstaat von der ESt freigestellt, sinkt aufgrund des geltenden progressiven Einkommensteuertarifs (§ 32a Abs. 1 EStG) auch der Durchschnittssteuersatz auf das um die freigestellten Einkünfte gekürzte zvE. Somit würden nicht nur die ausländischen Einkünfte freigestellt, sondern es käme auch zur Begünstigung der übrigen (inländischen) Einkünfte. Diesen unerwünschten Effekt soll der Progressionsvorbehalt verhindern. National umgesetzt wird die abkommensrechtliche Berechtigung zur Anwendung des Progressionsvorbehalts durch § 32b Abs. 1 S. 1 Nr. 3 EStG. Der Progressionsvorbehalt nach § 32b EStG ist nach h.M. immer anzuwenden, wenn das DBA ihn nicht explizit ausschließt.

Technisch ermittelt man zunächst für alle **Einkünfte** (also inklusive der freigestellten ausländischen) die inländische ESt und den daraus resultierenden Durchschnittseinkommensteuersatz. Diesen Steuersatz wendet man dann auf das zvE (also ohne die freigestellten Einkünfte) an. Mit der Anwendung des Progressionsvorbehalts wird der sog. **Splitting-Effekt** vermieden. D.h., die Verteilung der Einkunftsquellen auf mehrere Staaten bringt dem Steuerpflichtigen keine Progressionsvorteile.

Der Methodenartikel ist meist so aufgebaut, dass im **ersten Absatz** Ansässige des Vertragsstaats genannt sind, der sich wichtiger nimmt. Im **zweiten Absatz** folgt dann der andere Staat (bitte Art. 24 DBA D/PL aufschlagen).

In diesem Absatz wird dann regelmäßig in **lit. a) die Freistellungsmethode** zur Vermeidung der Doppelbesteuerung für alle Einkunftsquellen angeführt, die nicht unter **lit. b)**, also **die Anrechnung**, fallen. Hier weichen die Abkommen immer geringfügig oder stärker voneinander ab. Selbst innerhalb eines DBA können die Vertragsstaaten ihre Methoden in den Absätzen 1 und 2 unterschiedlich anwenden.

Lektion 10: Dividenden, Zinsen und Lizenzzahlungen

Bei Dividenden, Zinsen und Lizenzzahlungen erhält der Quellenstaat meist eine geringe oder keine QuSt, während der Ansässigkeitsstaat meist sein Besteuerungsrecht behält und die QuSt anrechnet.

Bei der Behandlung von Dividenden im Abkommensrecht muss man also beide Staaten im Blick haben. Der Quellenstaat möchte im Rahmen der beschränkten Steuerpflicht besteuern. Art. 10 DBA schränkt die Höhe seiner QuSt ein. Der Ansässigkeitsstaat besteuert im Rahmen der unbeschränkten Steuerpflicht, muss aber die Doppelbesteuerung wegen Art. 24 DBA D/PL (Methodenartikel) vermeiden.

Dabei gilt in den meisten DBA der Grundsatz, dass die maximale QuSt auf Dividenden 15% beträgt und der Ansässigkeitsstaat voll besteuern darf, aber die QuSt (der Höhe nach begrenzt) anrechnet. Lediglich wenn der Empfänger eine KapGes ist, die an der ausschüttenden KapGes wesentlich beteiligt ist, gewährt das sog. abkommensrechtliche Schachtelprivileg eine weitere Vergünstigung. Aber dazu gleich mehr.

Leitsatz 10

Dividenden, Zinsen und Lizenzzahlungen im Abkommensrecht

Abkommensrechtlich wird bei **Dividenden, Zinsen und Lizenzzahlungen** (Art. 10, 11 und 12 DBA) grundsätzlich dem Ansässigkeitsstaat das Besteuerungsrecht zugewiesen.

Der **Quellenstaat** hat bei Dividenden i.d.R. ein Quellenbesteuerungsrecht i.H.v. maximal 15%. Bei Zinsen und Lizenzzahlungen erhält der Quellenstaat kein (Beispiel Österreich) oder ein geringes (Beispiel Polen) Quellenbesteuerungsrecht. Die QuSt rechnet der **Ansässigkeitsstaat** aufgrund des Methodenartikels an.

Eine **Ausnahme** sind die **Schachteldividenden**. Für diese wird die QuSt weiter reduziert (i.d.R. auf 5%) und der Ansässigkeitsstaat stellt sie aufgrund des Methodenartikels frei.

Lektion 10: Dividenden, Zinsen und Lizenzzahlungen

1 Dividendeneinkünfte

Fall 43
Dividenden im Abkommensrecht

Die polnische PL S.A. (polnische AG) schüttet an ihre fünf Gesellschafter Dividenden aus. Auf die Dividenden will Polen nach nationalem Steuerrecht grundsätzlich eine QuSt i.H.v. 19% erheben. Hiervon werden von Polen (gem. Art. 22 Abs. 4 KStG-PL) nur Dividenden ausgenommen, die an EWR-KapGes gezahlt werden, deren Beteiligung mindestens 10% beträgt (Schachteldividenden). Dann sind sie steuerfrei.

Die Gesellschafter der S.A. sind:

- Paula aus Polen (Beteiligungshöhe 10%)

- Dieter aus Berlin (Beteiligungshöhe 20%, Privatvermögen)

- Doris aus Berlin (Beteiligungshöhe 30%, Privatvermögen)

- D GmbH aus Berlin (Beteiligungshöhe 5%)

- D AG aus Berlin (Beteiligungshöhe 35%)

Wie werden die Dividenden in Polen und Deutschland besteuert?

Vier der fünf Gesellschafter (bis auf Paula) sind in Deutschland unbeschränkt und in Polen beschränkt steuerpflichtig. Polen will also (mit Ausnahme der D AG!) 19% QuSt einbehalten und Deutschland das Welteinkommen besteuern. Von Paula will Polen ebenfalls, aber im Rahmen der unbeschränkten Steuerpflicht, 19% sehen.

Das Besteuerungsrecht Polens (Quellenstaat) wird für Dividenden durch Art. 10 DBA D/PL eingeschränkt (bitte aufschlagen). Dabei ist Art. 10 gem. Abs. 1 nur dann einschlägig, wenn die Dividenden von einer KapGes aus einem Vertragsstaat an einen Empfänger im anderen Vertragsstaat gezahlt werden (Cross-Border). Damit fällt Paula nicht unter die Vorschrift. Für solche Fälle enthält Art. 22 Abs. 1 DBA D/PL (Andere Einkünfte) eine Auffangnorm, die dazu führt, dass lediglich Polen das Besteuerungsrecht zufällt.

Unsere vier deutschen Protagonisten fallen also zunächst unter Art. 10 Abs. 1 DBA D/PL. Dieser gewährt Deutschland (Ansässigkeitsstaat) das volle Besteuerungsrecht. Abs. 2 gestattet aber auch dem Quellenstaat Polen, eine QuSt zu erheben. Diese ist grundsätzlich nach Art. 10 Abs. 2 lit. b) DBA D/PL auf 15% begrenzt.

Ist der **Empfänger** der Dividende eine **KapGes**, die zu **mindestens 10%** an der polnischen KapGes beteiligt ist (**Schachteldividende**), wird die maximal zulässige QuSt nach Art. 10 Abs. 2 lit. a) DBA sogar auf **5%** reduziert. Das ist hier nur bei der Dividende an die D AG der Fall. Beachten Sie, dass in lit. b) der Grundsatz und in lit. a) die Ausnahme, nämlich das sog. abkommensrechtliche Schachtelprivileg, kodifiziert ist. Da Polen die Dividende an die AG aber bereits nach nationalem Recht nicht besteuert, wird Polen keine QuSt erheben.

Den Unterschiedsbetrag zwischen der tatsächlich in Polen bei der Auszahlung einbehaltenen und der abkommensrechtlich reduzierten QuSt müssen sich die deutschen Gesellschafter vom polnischen Fiskus erstatten lassen, indem neben dem Erstattungsantrag eine sog. Ansässigkeitsbescheinigung des deutschen Finanzamtes vorgelegt wird. Diese Bescheinigung belegt faktisch, dass der Steuerpflichtige unter den Abkommensschutz fällt und ihm daher die Erstattung zusteht.

Deutschland würde die Dividenden **nach nationalem Recht** sehr unterschiedlich besteuern. Die Dividende an Dieter stellt EaKV i.S.v. § 20 Abs. 1 Nr. 1 EStG dar und unterliegt eigentlich der KESt mit 25% sowie dem SolZ (§ 32d Abs. 1 EStG). Gleiches gilt für die Dividende an Doris. Allerdings gestattet ihr § 32d Abs. 2 Nr. 3 lit. a) EStG die Option zum TEV, weil ihre Beteiligung mindestens 25% beträgt. Da aber die polnische S.A. keine deutsche KESt (sondern polnische ESt) einbehält, ist die Dividende in der Einkommensteuererklärung von Dieter und Doris zu deklarieren (§ 32d Abs. 3 EStG). Auf die ESt gem. dem gesonderten Tarif nach § 32d Abs. 1 EStG i.H.v. 25% erfolgt dann die Anrechnung der polnischen QuSt (§ 32d Abs. 5 EStG). Dabei werden allerdings höchstens 15% polnische QuSt angerechnet!

Die Dividenden an die AG fallen unter § 8b Abs. 1 S. 1 KStG. Sie sind also (bis auf die **Wegelagersteuer** in § 8b Abs. 5 KStG) in Deutschland schon **nach nationalem Recht** steuerfrei. Die Dividenden an die GmbH werden hingegen wegen § 8b Abs. 4 KStG besteuert.

Deutschland darf zwar **abkommensrechtlich** die Dividenden der Vier im Rahmen der unbeschränkten Steuerpflicht besteuern, muss aber zugleich als Ansässigkeitsstaat die Doppelbesteuerung vermeiden. Daher wendet Deutschland den Methodenartikel (Art. 24 DBA D/PL) an. Abs. 1 ist für in Deutschland ansässige Personen reserviert. Grundsätzlich findet auf Dividenden gem. Art. 24 Abs. 1 lit. b) DBA D/PL, die Anrechnungsmethode Anwendung. Hiervon werden durch Art. 24 Abs. 1 lit. a) DBA D/PL wiederum die **Schachteldividenden** ausgenommen; für sie gilt die **Freistellungsmethode**.

Im Ergebnis möchte Polen für alle Dividenden an die in Deutschland Ansässigen, bis auf die an die D AG, nach nationalem Recht eine QuSt i.H.v. 19 % erheben. Die QuSt wird aber abkommensrechtlich auf 15 % reduziert. Deutschland besteuert die Dividenden an Doris und Dieter und rechnet diese QuSt an. Abkommensrechtlich wird zwar nur die Schachteldividende an die D AG freigestellt. Sie würde aber bereits national unter § 8b Abs. 1 S. 1 KStG fallen. Beachten Sie, dass § 8b KStG bezüglich der Streubesitzdividenden 2013 geändert wurde. Die Dividende an die D GmbH wird nicht mehr freigestellt (§ 8b Abs. 4 KStG). Daher kann die polnische QuSt auf die KSt angerechnet werden, was wiederum praktisch zu einer Freistellung von der KSt und dem SolZ führt.

▄▄ Fall 44
Tie-Breaker-Rule bei KapGes

Pawel aus Polen ist zu 100 % an der deutschen D GmbH beteiligt. Die D GmbH hat zwar Dieter als Geschäftsführer eingestellt; weil Pawel ihm aber nicht wirklich traut, erhält Dieter nur eine Vertretungsvollmacht bis zu 5.000 € pro Rechtsgeschäft. Außerdem muss sich Dieter alle wichtigen Entscheidungen des Tagesgeschäfts von Pawel genehmigen lassen. Wie werden die Dividenden, die die D GmbH an Pawel ausschüttet, steuerlich behandelt?

Auf den ersten Blick sieht die Antwort einfach aus. Deutschland würde die Dividende im Rahmen der §§ 1 Abs. 4, 20 Abs. 1 Nr. 1 und 49 Abs. 1 Nr. 5 lit. a) EStG besteuern. Mit der KESt und dem SolZ wäre die Steuerpflicht gem. § 50 Abs. 2 S. 1 EStG abgegolten. Und abkommensrechtlich würde Art. 10 Abs. 2 lit. b) DBA D/PL die Höhe der QuSt auf 15 % reduzieren. Polen würde als Ansässigkeitsstaat nach dem Welteinkommensprinzip mit 19 % besteuern und die 15 % QuSt würden gem. Art. 24 Abs. 2 lit. b)

DBA D/PL angerechnet werden (macht 15% deutsche und 4% polnische ESt). Leider ist diese Lösung ziemlich komplett falsch!

Der Reihe nach:

Die Besteuerung in Deutschland erfolgt tatsächlich im Rahmen der beschränkten Steuerpflicht des Pawel über die §§ 1 Abs. 4, 20 Abs. 1 Nr. 1 und 49 Abs. 1 Nr. 5 lit. a) EStG. Mit der KESt und dem SolZ wäre die Steuerpflicht gem. § 50 Abs. 2 S. 1 EStG abgegolten.

Allerdings ist die D GmbH nicht nur in Deutschland (aufgrund ihres Sitzes), sondern auch in Polen unbeschränkt steuerpflichtig, weil dort der Ort ihrer tatsächlichen Geschäftsleitung liegt! Damit ist die D GmbH abkommensrechtlich auch in beiden Vertragsstaaten ansässig. Deshalb muss wieder die Tie-Breaker-Rule für eine Entscheidung darüber sorgen, wo die GmbH abkommensrechtlich als ansässig gilt. Art. 4 Abs. 3 DBA D/PL bestimmt, dass sich dann die Ansässigkeit nach dem Ort der tatsächlichen Geschäftsleitung bestimmt, und die ist in Polen.

„Und was hat das mit meiner Dividende zu tun?" mosert Pawel.

Eine ganze Menge. Abkommensrechtlich schüttet jetzt nämlich eine in Polen ansässige (!) GmbH die Dividende an einen in Polen ansässigen Gesellschafter aus. Damit greift aber nicht mehr der Dividendenartikel (vgl. Art. 10 Abs. 1 oder den vorherigen Fall), sondern die Auffangnorm Art. 22 Abs. 1 DBA D/PL (Andere Einkünfte). Demnach hat Polen das alleinige Besteuerungsrecht. Wenn Deutschland also die KESt nebst SolZ einbehalten hat, kann sich Pawel diese über § 50d Abs. 1 EStG erstatten lassen.

Sie sehen also, dass die tatsächliche Geschäftsleitung über die Grenze den Fall erheblich verändert. Dies gilt nicht nur für die Dividende, sondern ebenso für den Gewinn der D GmbH. In der Praxis erfolgt der Wechsel der Geschäftsleitung über die Grenze übrigens häufig, ohne dass es dem Gesellschafter bewusst ist. Aber darauf wird er dann ggf. in der Betriebsprüfung hingewiesen.

2 Zinsen und Lizenzzahlungen

■ Fall 45
Zinsen im Abkommensrecht

Doris hat ihr Erspartes bei der PL Bank S.A. (entspricht einer AG) in Warschau angelegt und erhält hierfür Zinsen. Die Bank behält 19 % QuSt ein. Was ist zu tun?

Anders als nach deutschem Recht ist Doris in Polen mit ihren Zinsen auch ohne dingliche Sicherung beschränkt steuerpflichtig, sofern der Schuldner ein Steuerinländer ist. Abkommensrechtlich fallen die Zinsen unter Art. 11 DBA D/PL. Gem. Art. 11 Abs. 1 DBA D/PL hat Deutschland als Ansässigkeitsstaat das Besteuerungsrecht. Allerdings gestattet Art. 11 Abs. 2 S. 1 DBA D/PL Polen, eine QuSt i.H.v. maximal 5 % zu erheben. Wenn Polen bereits 19 % erhoben hat, kann sich Doris die Differenz i.H.v. 14 % erstatten lassen, wenn sie dem polnischen Fiskus eine deutsche Ansässigkeitsbescheinigung vorlegt (Art. 29 DBA D/PL).

In Deutschland ist sie unbeschränkt steuerpflichtig nach § 1 Abs. 1 S. 1 EStG. Sie hat EaKV gem. § 34d Nr. 6 i.V.m. § 20 Abs. 1 Nr. 7 EStG. Das DBA schränkt diesen Besteuerungsanspruch wegen Art. 11 Abs. 1 DBA D/PL auch nicht ein. Allerdings ist die polnische QuSt i.H.v. 5 % wegen Art. 24 Abs. 1 lit. b) sublit. bb) DBA D/PL auf die deutsche ESt anzurechnen.

■ Fall 46
Lizenzgebühren im Abkommensrecht

Paula aus Polen überlässt ausschließlich der deutschen D AG gegen angemessene Mietzahlungen Werkzeuge sowie ein Patent. Wie werden diese Vergütungen in Deutschland besteuert?

Paula ist in Deutschland beschränkt steuerpflichtig gem. § 1 Abs. 4 EStG sofern sie inländische Einkünfte i.S.v. § 49 EStG erzielt. Fraglich ist, welche Einkunftsart einschlägig ist.

Wenn sie die Vermietungen der materiellen und immateriellen Wirtschaftsgüter in einem gewerblichen Umfang (§ 15 Abs. 2 EStG) betreiben würde, erzielte sie EaGB. Dies ist aber vorliegend nicht der Fall, da es an einer

Beteiligung am allgemeinen wirtschaftlichen Verkehr fehlt. Ist es aber bloße Vermögensverwaltung, sind § 21 Abs. 1 S. 1 Nr. 2 EStG (Sachinbegriffe, insbesondere bewegliches Betriebsvermögen) und § 21 Abs. 1 S. 1 Nr. 3 EStG (Überlassung von Rechten) einschlägig. Wegen § 21 EStG greift § 49 Abs. 1 Nr. 6 EStG. Falls beim Werkzeug keine Sachinbegriffe vorliegen sollten, wäre § 22 Nr. 3 EStG und damit § 49 Abs. 1 Nr. 9 EStG einschlägig. Damit erzielt sie auch inländische Einkünfte.

Mit den Werkzeugmieten würde sie in Deutschland veranlagt werden (§ 50 Abs. 1 EStG). Die ESt auf die Lizenzzahlungen für die Überlassung der Rechte wäre mit der QuSt i.H.v. 15% nach § 50a Abs. 1 Nr. 3 i.V.m. Abs. 2 S. 1 sowie § 50 Abs. 2 S. 1 EStG abgegolten. Da Paula EWR-Bürgerin ist, die auch im EWR wohnt (doppelter EWR-Bezug), könnte sie bezüglich der Lizenzzahlungen für die Rechte anstatt die Bruttobesteuerung mit 15% anzuwenden, gem. § 50a Abs. 3 EStG zu einer Nettobesteuerung (also mit Abzug ihrer Betriebsausgaben) mit 30% optieren.

> Beachten Sie: § 50a Abs. 3 EStG beginnt mit den Worten „... in den Fällen des Absatzes 1 Nr. 1, 2 und 4". Der BFH wendet ihn jedoch aus europarechtlichen Gründen auch auf Nr. 3 an!

Bitte beachten Sie, dass abkommensrechtlich Lizenzgebühren (!) i.S.v. Art. 12 Abs. 3 DBA D/PL vorliegen. Dies ist für die Überlassung des Patents unmittelbar einsichtig, gilt aber ebenso für die Überlassung der gewerblichen Ausrüstung, also der Werkzeuge. Gem. Art. 12 Abs. 1 DBA D/PL hat Polen das Besteuerungsrecht; Art. 12 Abs. 2 gewährt Deutschland jedoch einen QuSt-Abzug i.H.v. maximal 5% der Lizenzzahlungen. Polen würde im Rahmen der dortigen unbeschränkten Steuerpflicht besteuern und gem. Art. 24 Abs. 2 lit. b) DBA D/PL die deutsche QuSt anrechnen.

Fall 47
Lizenzzahlungen nach Österreich

Was würde sich an dem vorherigen Fall ändern, wenn nicht Paula aus Polen, sondern Annemarie aus Österreich die Werkzeuge und das Patent vermieten würde?

Nach deutschem, nationalem Recht würde sich nichts ändern.

Abkommensrechtlich liegen bezüglich der Patentüberlassung weiterhin Lizenzgebühren, diesmal i.S.v. Art. 12 Abs. 2 DBA D/A vor. Dies gilt nun aber (Achtung!) nicht für die Überlassung der Werkzeuge, weil diese Zahlung von der Definition der Lizenzgebühren in Art. 12 Abs. 2 DBA D/A nicht erfasst wird. Vielmehr sind es dann Andere Einkünfte gem. Art. 21 DBA D/A (Auffangnorm). Art. 12 Abs. 1 und 21 Abs. 1 DBA D/A enthalten abschließende Rechtsfolgen und weisen jeweils („nur") dem Ansässigkeitsstaat (hier: Österreich) das alleinige Besteuerungsrecht zu.

Der **Aufbau der Abkommen**, die Deutschland abgeschlossen hat, ist i.d.R. sehr ähnlich. Unterschiede können sich aber im Detail, z.B. bei den **Definitionen** in den Verteilungsnormen, ergeben. Ebenso variiert die maximal zulässige **QuSt** auf Zinsen (Art. 11) und Lizenzzahlungen (Art. 12). **Innerhalb** eines Abkommens besteht allerdings zwischen dem QuSt-Abzug nach Art. 11 und 12 i.d.R. ein **Gleichklang**.

Lektion 11: Unternehmensgewinne

Leitsatz 11

Unternehmensgewinne und Einkünfte aus unbeweglichem Vermögen

Originäre gewerbliche Betriebsstätteneinkünfte (**Unternehmensgewinne**) und Mieteinkünfte (Einkünfte aus **unbeweglichem Vermögen**) werden i.d.R. **im Belegenheitsstaat** besteuert und im Ansässigkeitsstaat freigestellt.

Zinsen, **Lizenzzahlungen** sowie **Dividenden**, sofern keine Schachtelbeteiligung vorliegt, werden **im Ansässigkeitsstaat** besteuert, sofern kein **Betriebsstättenvorbehalt** greift. Der Quellenstaat hat kein oder nur ein eingeschränktes Quellenbesteuerungsrecht.

Während für Zinsen, Lizenzzahlungen, Dividenden und Andere Einkünfte, die mit Unternehmensgewinnen in einem **funktionalen Zusammenhang** stehen, zu prüfen ist, ob ein Betriebsstättenvorbehalt existiert (so in Art. 10 Abs. 4, 11 Abs. 5, 12 Abs. 4 und 22 Abs. 2 DBA D/PL), ist dies bei Einkünften aus unbeweglichem Vermögen nicht der Fall.

1 Inboundfälle

Fall 48
Betriebsstättengewinne im Abkommensrecht

Pawel ist polnischer Einzelunternehmer, der in Breslau Teigwaren herstellt. In einer Berliner Betriebsstätte seines Unternehmens werden Schrippen (Brötchen) produziert und dort an Handelsketten vertrieben. Kann Deutschland besteuern?

Pawel ist beschränkt einkommensteuerpflichtig gem. § 1 Abs. 4 i.V.m. § 15 Abs. 1 S. 1 Nr. 1 und § 49 Abs. 1 Nr. 2 lit. a) EStG i.V.m. § 12 S. 2 Nr. 4 AO. Er wird in Deutschland wegen § 50 Abs. 1 EStG veranlagt. Die Betriebsstätteneinkünfte unterliegen auch der Gewerbesteuerpflicht.

Fraglich ist, welcher abkommensrechtlichen Verteilungsnorm die gewerbliche Tätigkeit zuzuordnen ist. Denn zum einen kennen die meisten Abkommen nicht den Begriff des Gewerbebetriebs und zum anderen ist der Unternehmensbegriff abkommensrechtlich nicht definiert. Nach Auffassung der Finanzverwaltung ist deshalb der entsprechende innerstaatliche Begriff zu verwenden, der dem abkommensrechtlichen am nächsten kommt, d.h. die Unternehmenseinkünfte i.S.v. Art. 7 Abs. 1 DBA D/PL sind den originären EaGB i.S.v. § 15 Abs. 1 und 2 EStG gleichzusetzen. Nach anderer, vorzugswürdiger Auffassung, ist der Begriff der Unternehmensgewinne aus dem Abkommenszusammenhang auszulegen (abkommensautonome Auslegung). Demnach sind hierunter Einkünfte aus einer selbständigen Erwerbstätigkeit zu erfassen, die nicht Nutzung unbeweglichen Vermögens i.S.d. Art. 6 Abs. 3 DBA D/PL und auch keine selbständige Arbeit i.S.d. Art. 14 Abs. 2 DBA D/PL ist. Der Meinungsstreit muss hier noch nicht entschieden werden, weil die Gebäckproduktion nach beiden Auffassungen eine unternehmerische Tätigkeit darstellt. Ihn zu verstehen ist aber sehr wichtig. Wir werden gleich darauf zurückkommen.

Abkommensrechtlich sind Pawels Einkünfte somit als Unternehmensgewinne i.S.d. Art. 7 DBA D/PL zu qualifizieren. Diese sind gem. Art. 7 Abs. 1 DBA D/PL (bitte wirklich kurz lesen) grundsätzlich ausschließlich im Ansässigkeitsstaat des Unternehmers zu besteuern, d.h. in Polen; es sei denn, der Unternehmer unterhält im Belegenheitsstaat eine Betriebsstätte (Betriebsstättendefinition in Art. 5 DBA D/PL) und die Gewinne sind dieser Betriebsstätte zuzurechnen. In diesem Fall hat auch (offene Rechtsfolge!) der Belegenheitsstaat der Betriebsstätte, also Deutschland, ein uneingeschränktes Besteuerungsrecht. Deutschland kann somit die Einkünfte aus der Betriebsstätte besteuern. Dies gilt sowohl für die ESt als auch die GewSt und den SolZ (Art. 2 Abs. 3 lit. a) DBA D/PL).

Polen würde die Einkünfte im Rahmen der unbeschränkten Steuerpflicht besteuern wollen. Allerdings wendet Polen als Ansässigkeitsstaat auf die Betriebsstätteneinkünfte den Methodenartikel an. Nach Art. 24 Abs. 2 lit. a) DBA D/PL sind die Betriebsstätteneinkünfte (unter Progressionsvorbehalt) freizustellen.

> Es entspricht deutscher Abkommenspolitik, dass **Betriebsstätteneinkünfte** im Belegenheitsstaat besteuert und im Ansässigkeitsstaat (unter Progressionsvorbehalt) **freigestellt** werden (Ausnahme z.B. in den Abkommen mit den Vereinigten Arabischen Emiraten und Zypern).

Fall 49
Gewinne aus Mitunternehmeranteilen

Pawel betreibt gemeinsam mit Doris in Berlin eine OHG, die Gebäck produziert und an Handelsketten in Deutschland veräußert. Wer hat das Besteuerungsrecht?

Nach innerstaatlichem Recht ist Pawel beschränkt steuerpflichtig gem. § 1 Abs. 4 i.V.m. § 49 Abs. 1 Nr. 2 lit. a) i.V.m. § 15 Abs. 1 S. 1 Nr. 2 EStG. Die erforderliche Betriebsstätte wird den Mitunternehmern durch die OHG vermittelt.

Art. 7 Abs. 1 DBA D/PL ist didaktisch sehr unglücklich formuliert, weil unklar ist, wer das Unternehmen ist. Ersetzt man den Begriff Unternehmen durch Unternehmer, wird er verständlicher.

> Abkommensrechtlich ist bei transparenten PersGes der **Unternehmer** (und nicht die PersGes) **das Unternehmen** i.S.v. Art. 7 Abs. 1 DBA D/PL. Es gibt also abkommensrechtlich so viele Unternehmen wie es Mitunternehmer einer gewerblich tätigen PersGes gibt. Die PersGes vermittelt dem Gesellschafter eine Betriebsstätte i.S.v. Art. 5 DBA D/PL.

Deutschland steht somit ein Besteuerungsrecht für Pawels Gewinnanteil zu. Im Ergebnis entspricht die Lösung des Falls 49 damit der Lösung des vorhergehenden Falls.

Fall 50
Vermögensverwaltende PersGes

Pawel aus Polen gründet mit Doris aus Berlin in Berlin eine GbR, die lediglich eine Immobilie verwaltet, welche der GbR gehört. Wie besteuert Deutschland?

Bei bloßer Vermögensverwaltung erzielt Pawel keine gewerblichen Einkünfte, sondern EaVV i.S.v. § 21 Abs. 1 S. 1 Nr. 1 EStG. Daher ist er beschränkt steuerpflichtig nach § 1 Abs. 4 i.V.m. § 49 Abs. 1 Nr. 6 EStG. Pawel wird gem. § 50 Abs. 1 EStG mit seinen inländischen Einkünften veranlagt.

Auf Abkommensebene liegen Einkünfte aus unbeweglichem Vermögen i.S.v. Art. 6 DBA D/PL und damit auch keine Unternehmensgewinne i.S.v. Art. 7 DBA D/PL vor. Deutschland steht ein uneingeschränktes Besteuerungsrecht zu und Polen stellt die Einkünfte gem. Art. 24 Abs. 2 lit. a) DBA D/PL unter Progressionsvorbehalt frei.

> Es entspricht deutscher Abkommenspolitik, dass Einkünfte aus **unbeweglichem Vermögen** im Belegenheitsstaat besteuert und im Ansässigkeitsstaat (unter Progressionsvorbehalt) **freigestellt** werden (Ausnahmen z.B. in den Abkommen mit Spanien und der Schweiz).

Im nächsten Fall zeigen sich Auswirkungen des unterschiedlichen Verständnisses von Unternehmenseinkünften des BFH und der Finanzverwaltung.

Fall 51
Vermögensverwaltende KG

Pawel unterhält mit Doris in Berlin eine gewerblich geprägte GmbH & Co. KG, die lediglich eine Immobilie verwaltet, welche der KG gehört. Pawel und Doris sind Kommanditisten, die GmbH ist der Komplementär. Die GmbH ist allein geschäftsführungsbefugt und hat mit der Verwaltung der Immobilie eine Berliner Hausverwaltung beauftragt.

Wie werden Pawels Einkünfte in Deutschland besteuert?

Nach innerstaatlichem Recht ist Pawel in Deutschland beschränkt steuerpflichtig nach § 1 Abs. 4 i.V.m. § 49 Abs. 1 Nr. 2 lit. a) i.V.m. § 15 Abs. 1 S. 1 Nr. 2 i.V.m. § 15 Abs. 3 Nr. 2 EStG. Die KG ist nicht originär gewerblich tätig, sondern vermögensverwaltend, aber gewerblich geprägt. Die Betriebsstätte ergibt sich nicht aus der vermieteten Immobilie, sondern aus der Tatsache, dass gesellschaftsrechtlich die KG über eine inländische Geschäftsleitung verfügt, so dass § 12 S. 2 Nr. 1 AO einschlägig ist.

Abkommensrechtlich ging die Würdigung des Sachverhalts bislang zwischen Finanzverwaltung und Rechtsprechung auseinander. Die Finanzverwaltung ließ die gewerbliche Prägung auch abkommensrechtlich durchschlagen, d.h. die innerstaatlich fingierte Gewerblichkeit führte in der Vergangenheit dazu, dass Pawel Unternehmensgewinne i.S.v. Art. 7 DBA D/PL erzielt.

Für den BFH ist die innerstaatliche Fiktion des § 15 Abs. 3 Nr. 2 S. 1 EStG unerheblich, denn dem Wesen nach liegt abkommensrechtlich eine vermögensverwaltende und keine unternehmerische Tätigkeit vor (abkommensautonome Auslegung). Somit kann Art. 7 DBA D/PL nicht einschlägig sein und Deutschlands Besteuerungsrecht basiert auf Art. 6 Abs. 1 DBA D/PL.

Während im vorliegenden Inboundfall Deutschland nach beiden Auffassungen ein Besteuerungsrecht zusteht, weil nach Art. 6 und 7 DBA D/PL der Belegenheitsstaat das Besteuerungsrecht hat und hinsichtlich der Freistellung im Methodenartikel ein Gleichklang besteht, kann dies bei anderen Abkommen durchaus problematisch sein. So werden z.B. in den DBA D/E und DBA D/CH Gewinne aus spanischen bzw. schweizer Betriebsstätten im Ansässigkeitsstaat Deutschland freigestellt, während bei Immobilieneinkünften die Anrechnungsmethode greift (Outboundfall). Dann wäre es für die Besteuerung in Deutschland entscheidend, ob der Auffassung der Finanzverwaltung oder der des BFH gefolgt wird. Wurde der Steuerpflichtige durch die Auffassung der Finanzverwaltung bislang schlechter gestellt, musste er den Weg zum BFH antreten. Da der BFH in ständiger Rechtsprechung an seiner Rechtsauffassung festhält, hat die Finanzverwaltung ihre falsche Auffassung 2013 aufgegeben und folgt nunmehr dem BFH (vgl. BMF-Schreiben zur DBA-Anwendung auf PersGes, Tz. 2.2.1).

2 Outboundfälle

Aus einer gewerblichen Einkunftsquelle (z.B. einer Betriebsstätte) können neben den originären gewerblichen Einkünften auch Nebeneinkünfte (z.B. Zinsen aus einem betrieblichen Bankkonto) entstehen. Wenn diese Nebeneinkünfte in einem besonders engen Zusammenhang mit der unternehmerischen Tätigkeit stehen, ist es sachgerecht, diese den Unternehmenseinkünften gleichzustellen. Daher enthalten einige Verteilungsnormen einen sog. Betriebsstättenvorbehalt. Das bedeutet, die Einkünfte sind den Unternehmensgewinnen i.S.v. Art. 7 DBA zuzurechnen, wenn sie tatsächlich zu einer Betriebsstätte gehören.

Fall 52
Der Betriebsstättenvorbehalt

Doris ist an einer gewerblich tätigen polnischen spolka jawna (sp.j.) beteiligt. Eine sp.j. entspricht einer deutschen OHG. Die sp.j. generiert Zinsen aus einem Darlehen, das einem polnischen Großkunden kurzfristig gewährt wurde. Außerdem hat die sp.j. einem deutschen Zulieferer gegen Lizenzzahlungen technisches Know-how, das in der Betriebsstätte entwickelt wurde, überlassen. Wie werden die Zinsen und Lizenzzahlungen abkommensrechtlich behandelt?

Doris unterliegt in Polen mit ihren Einkünften aus polnischen Quellen der beschränkten Einkommensteuerpflicht. Dies gilt nicht nur hinsichtlich der originären gewerblichen Tätigkeit und der Zinseinkünfte, sondern auch hinsichtlich der Lizenzeinkünfte. Dies mag auf den ersten Blick verwundern, ist aber nachvollziehbar, wenn man sich vergegenwärtigt, dass die dem Patentrecht zugrunde liegenden Kenntnisse der polnischen Betriebsstätte zuzurechnen sind und folglich Polen auch die Lizenzeinnahmen nach innerstaatlichem Recht der Betriebsstätte zuordnet. Dass die Lizenzzahlungen aus Deutschland kommen und gleichzeitig auch Doris in Deutschland ansässig ist, ist unerheblich!

Der originäre Betriebsstättengewinn unterliegt Art. 7 Abs. 1 DBA D/PL. Damit darf Polen besteuern. Hinsichtlich der Zinseinkünfte ist aufgrund des Spezialitätsprinzips (Art. 7 Abs. 7 DBA D/PL) zunächst Art. 11 DBA D/PL zu prüfen. Es liegen abkommensrechtlich Zinsen i.S.v. Art. 11 Abs. 4 DBA D/PL vor. Diese Zinsen stammen auch aus Polen, da der Schuldner (nämlich der Großkunde) in Polen ansässig ist (Art. 11 Abs. 6 D/PL). Daher wäre eigentlich Art. 11 DBA D/PL einschlägig und Polen hätte lediglich ein Quellenbesteuerungsrecht i.H.v. 5 %.

Allerdings ist die Forderung tatsächlich der polnischen Betriebsstätte zuzurechnen, da die PersGes das Darlehen gewährt hat (Art. 11 Abs. 5 S. 1 DBA D/PL). Daher greift hier ausnahmsweise Art. 7 Abs. 1 DBA D/PL, weil Art. 11 Abs. 5 S. 2 DBA D/PL diesem Vorrang (Betriebsstättenvorbehalt) einräumt. Im Ergebnis bedeutet dies, dass Polen nicht nur ein eingeschränktes Quellenbesteuerungsrecht i.H.v. 5 % nach Art. 11 Abs. 2 DBA D/PL hat, sondern ein vollumfängliches Besteuerungsrecht.

Das **„tatsächlich"** wird so interpretiert, dass ein **funktionaler Zusammenhang** zwischen der Tätigkeit der Betriebsstätte und der Einkunftsquelle erkennbar sein muss.

Nicht trivial ist die Behandlung der Lizenzeinnahmen. Sie sind zunächst als Lizenzzahlungen i.S.v. Art. 12 Abs. 3 DBA D/PL zu qualifizieren. Allerdings stammen sie nicht aus Polen, sondern aus Deutschland. Es handelt sich somit nicht um Lizenzzahlungen i.S.v. Art. 12 Abs. 1 DBA D/PL, da die Zahlung an Doris nicht Cross-Border erfolgt und auch nicht i.S.v. Art. 12 Abs. 4 DBA D/PL (dafür müssten die Lizenzzahlungen aus Polen stammen). D.h. nach Art. 12 DBA D/PL steht Polen zunächst weder ein eingeschränktes (Art. 12 Abs. 2 DBA D/PL) noch ein uneingeschränktes Besteuerungsrecht (Art. 12 Abs. 4 i.V.m. Art. 7 Abs. 1 DBA D/PL) zu.

Damit können es nur noch Andere Einkünfte i.S.v. Art. 22 DBA D/PL sein. Neben den Betriebsstättenvorbehalten in den Art. 10 Abs. 4, 11 Abs. 5 und 12 Abs. 4 DBA D/PL besteht jedoch ein weiterer Vorbehalt in Art. 22 Abs. 2 DBA D/PL. Dieser kann einschlägig sein, wenn die Einkünfte aus dem Ansässigkeitsstaat stammen (wie vorliegend). Somit steht Polen auch insoweit ein uneingeschränktes Besteuerungsrecht über den Umweg Art. 22 Abs. 2 i.V.m. Art. 7 DBA D/PL zu!

Fall 53
Kein Immobilienvorbehalt

Dieter ist an einer polnischen sp.j. (OHG) beteiligt, die lediglich eine eigene, in Polen belegene Immobilie vermietet. Die sp.j. generiert in geringem Umfang Zinsen aus der Anlage der Liquiditätsrücklage bei einem polnischen Kreditinstitut.

Wie werden die Zinsen abkommensrechtlich behandelt?

Dieter ist in Polen beschränkt einkommensteuerpflichtig mit den Vermietungs- und Zinseinkünften. Abkommensrechtlich wird Polen die Einkünfte aus der Vermietungstätigkeit unter Art. 6 DBA D/PL subsumieren und insoweit ein uneingeschränktes Besteuerungsrecht für sich in Anspruch nehmen. Fraglich ist die Behandlung der Zinseinkünfte. Art. 6 Abs. 3 DBA D/PL definiert, dass lediglich die originären Mieteinkünfte von Art. 6 Abs. 1 DBA D/PL erfasst werden. Die Zinsen fallen somit unter Art. 11 DBA D/PL. Eine Vorbehaltsklausel, vergleichbar dem Betriebsstättenvorbehalt, für Einkünfte aus unbeweglichem Vermögen besteht nicht! Es verbleibt Polen nur ein eingeschränktes Quellenbesteuerungsrecht i.H.v. maximal 5 % (Art. 11 Abs. 2 DBA D/PL).

Nach deutschem Verständnis stellen die Einkünfte aus der Vermietungstätigkeit Einkünfte i.S.v. § 21 Abs. 1 S. 1 Nr. 1 EStG dar. Dies gilt für die Zinsen i.S.v. § 20 Abs. 1 Nr. 7 EStG aufgrund der Subsidiaritätsklausel (§ 20 Abs. 8 S. 1 EStG) ebenso. Während die Finanzverwaltung in der Vergangenheit (ohne Rechtsgrundlage) die Zinsen aus der Liquiditätsrücklage ebenfalls unter Art. 6 Abs. 1 DBA D/PL subsumierte, hat sie hiervon Abstand genommen und folgt nunmehr der BFH-Rechtsprechung. Es liegen insoweit abkommensrechtlich Zinsen vor, für die Deutschland als Ansässigkeitsstaat, unter Anrechnung der polnischen QuSt, ein uneingeschränktes Besteuerungsrecht zusteht (vgl. auch BMF-Schreiben zur DBA-Anwendung auf PersGes, Tz. 2.3.2 und 4.1.2)

Für den Steuerpflichtigen naheliegend wäre daher eine Gestaltung, bei der er aus Zins- und Lizenzzahlungen Betriebsstätteneinkünfte formt, sofern die Besteuerung im Quellenstaat günstiger als im Ansässigkeitsstaat ist.

Fall 54
Betriebsstättenvorbehalt bei Dividenden

Dieter ist Einzelunternehmer in Berlin; er produziert Babywindeln. In Polen unterhält er eine gewerbliche Betriebsstätte, in der ebenfalls Babywindeln hergestellt werden. Außerdem hat er ein paar Aktien eines polnischen börsennotierten Unternehmens sowie eines DAX-Unternehmens erworben. Um die Dividenden nicht in Deutschland zu versteuern, legt er die Beteiligungen in seine polnische Betriebsstätte ein.

Wie werden die Dividenden abkommensrechtlich behandelt?

Zunächst fallen die Dividenden aus der polnischen KapGes unter Art. 10 Abs. 1 DBA D/PL. Aufgrund des Betriebstättenvorbehalts in Art. 10 Abs. 4 DBA D/PL könnte man der Idee verfallen, die Einkünfte unter Art. 7 Abs. 1 DBA D/PL zu fassen und damit in Polen zu besteuern sowie in Deutschland nach Art. 24 Abs. 1 lit. a) DBA D/PL freizustellen. Allerdings verlangt der Betriebsstättenvorbehalt, dass die Beteiligung tatsächlich (gemeint ist ein funktionaler Zusammenhang) zur Betriebsstätte gehört. Das ist hier nicht der Fall. Damit greift Art. 10 Abs. 4 DBA D/PL nicht, Polen darf gem. Art. 10 Abs. 2 lit. b) DBA D/PL 15% QuSt einbehalten und Deutschland besteuert unter Anrechnung der QuSt (Art. 24 Abs. 1 lit. b) sublit. aa) DBA D/PL).

Die Dividenden aus dem DAX-Unternehmen werden hingegen durch Art. 22 Abs. 1 DBA D/PL erfasst, weil Art. 10 Abs. 1 DBA D/PL nicht einschlägig ist (Cross-Border fehlt). Damit hat Deutschland als Ansässigkeitsstaat das vollumfängliche Besteuerungsrecht.

Fall 55
ist eine Modifikation von Fall 54
Funktionaler Zusammenhang

Was würde sich ändern, wenn die Beteiligungen, die Dieter in der Betriebsstätte hält, Drogerien sind, die auch Babywindeln verkaufen?

Sofern die Beteiligungen tatsächlich der Betriebsstätte dienen, z.B. um neue Absatzwege zu erschließen (Absatzförderung), würden nun die Betriebsstättenvorbehalte in Art. 10 Abs. 4 und Art. 22 Abs. 2 DBA D/PL greifen. Es muss also ein funktionaler Zusammenhang zwischen den Aktivitäten der Betriebsstätte und den Beteiligungen bestehen. Somit könnte Polen die Dividenden als Betriebsstätteneinkünfte besteuern und Deutschland würde sie gem. Art. 24 Abs. 1 lit. a) DBA D/PL freistellen.

Fall 56
Aktivitätsklauseln

Doris ist an einer polnischen spolka komandytowa (sp.k.) beteiligt, die Gartenzwerge produziert. Die sp.k. entspricht der deutschen KG. Zurzeit ist der Absatzmarkt für Gartenzwerge aber düster. Aufgrund der dadurch entstandenen Überkapazitäten ist eine Maschine in der sp.k. vorübergehend überflüssig. Umso erfreulicher ist, dass die sp.k. diese Maschine für eine unglaublich gute Miete an einen polnischen Hersteller von „echten" römischen Skulpturen überlassen kann. Wie werden die Betriebsstättengewinne abkommenrechtlich behandelt?

Der Ansatz ist klar. Polen will Doris im Rahmen der beschränkten und Deutschland im Rahmen der unbeschränkten Steuerpflicht besteuern.

Abkommensrechtlich stellen die Betriebsstättengewinne Unternehmensgewinne i.S.v. Art. 7 Abs. 1 DBA D/PL dar, die in Polen besteuert werden dürfen und nach Art. 24 Abs. 1 lit. a) DBA D/PL von Deutschland freizustellen sind. Die Miete fällt unter Art. 12 Abs. 3 DBA D/PL. Art. 12 DBA D/PL würde dem Art. 7 wegen Art. 7 Abs. 7 DBA D/PL als Spezialnorm vorgehen, sofern der Betriebsstättenvorbehalt des Art. 12 Abs. 4 DBA D/PL nicht greift. Allerdings ist auf die Lizenzzahlungen der Betriebsstättenvorbehalt anzuwenden, da die Maschine tatsächlich der Betriebsstätte zuzurechnen ist und die Maschine auch nur vorübergehend vermietet wird. Im Ergebnis würde also Polen auch die Miete nach Art. 7 Abs. 1 DBA D/PL besteuern und Deutschland nach Art. 24 Abs. 1 lit. a) DBA D/PL freistellen. Das ist alles nicht wirklich neu für Sie, oder? Irgendetwas muss also noch kommen. Und das ist die sog. Aktivitätsklausel.

Leitsatz 12

Aktivitätsklauseln im Abkommensrecht

Eine **Aktivitätsklausel** findet sich in mehr als der Hälfte aller Abkommen, die Deutschland abgeschlossen hat. Eigentlich sollte sie im **Methodenartikel** stehen, gelegentlich wird sie aber auch im **Schlussprotokoll** versteckt.

Der deutsche Gesetzgeber hat in § 8 Abs. 1 AStG eine Liste mit aktiven Einkünften zusammengestellt, bei denen er tatsächlich die Freistellung gewährt. Eine Aktivitätsklausel im DBA soll dafür sorgen, dass von Deutschland weder bei Betriebsstättengewinnen noch bei Schachteldividenden die Freistellung gewährt werden muss, sofern nicht nachweisbar **mindestens 90%** der Betriebseinnahmen aktiv sind. Durch die Aktivitätsklausel wird von der Freistellung zur Anrechnungsmethode gewechselt. Der Wechsel von der Freistellungs- zur Anrechnungsmethode wird auch **Switch-Over-Clause** genannt oder kurz: **SOC**.

Art. 24 Abs. 1 lit. c) DBA D/PL enthält solch eine Aktivitätsklausel. Sind die Bruttoerträge (gemeint sind die Betriebseinnahmen) der Betriebsstätte nicht ausschließlich oder fast ausschließlich (BFH: mindestens 90%) aus aktiver Tätigkeit i.S.v. § 8 AStG erzielt worden, wechselt Deutschland von der Freistellungs- zur Anrechnungsmethode (vgl. auch BMF-Schreiben zur DBA-Anwendung auf PersGes, 4.1.1.2.1); sind die Aktivitätserfordernisse nicht erfüllt, spricht man von sog. passiven Einkünften. Im vorliegenden Fall liegen zwar (aufgrund des Betriebstättenvorbehalts) Betriebsstätteneinkünfte i.S.v. Art. 7 Abs. 1 DBA D/PL vor und Polen hat damit das Besteuerungsrecht. Deutschland stellt sie aber nicht frei, sondern besteuert selbst voll und rechnet die polnische Steuer an, wenn die Miete, die passiv i.S.v. § 8 Abs. 1 Nr. 6 lit. c) AStG ist, mehr als 10% der gesamten Betriebseinnahmen aus der Betriebsstätte ausmacht (passive Infizierung). Und damit wird nicht nur die Freistellung für die Miete verweigert. Die Aktivitätsklausel ist so zu verstehen, dass diese Miete alle anderen Einkünfte mit infiziert und daher bei allen(!) Einkünften aus dieser Betriebsstätte nach Art. 24 Abs. 1 lit. c) von der Freistellung zur Anrechnung gewechselt wird.

Fall 57
Abkommen ohne Aktivitätsklausel

Der Fall entspricht dem vorherigen Fall mit dem Unterschied, dass er sich in Österreich zuträgt. Was ändert sich?

Im Unterschied zum vorherigen Fall enthält das DBA D/A keine Aktivitätsklausel. Daher sind die Gewinne (einschließlich Miete) des Dieter aus der österreichischen KG in Deutschland freigestellt. Und dabei bleibt es auch!

3 Betriebsstättenverluste aus DBA-Staaten

Die steuerliche Behandlung von Betriebsstättenverlusten sowie Verlusten aus ausländischen PersGes stellt ein Quell permanenter Rechtsänderungen dar, die dazu führen, dass das ursprüngliche System für den Rechtsanwender kaum noch erkennbar ist. Die Ausführungen in diesem Kapitel versuchen, eine grobe Systematisierung der Verlustbehandlung aus Betriebsstätten bzw. PersGes in DBA-Staaten vorzunehmen. Da gewerbliche PersGes von Deutschland aufgrund des Transparenzprinzips wie Betriebsstätten behandelt werden, gelten die folgenden Ausführungen auch für Anteile an ausländischen Mitunternehmerschaften.

Die steuerliche Behandlung von ausländischen Betriebsstättenverlusten, die inländische Steuerpflichtige erzielen, ist grundsätzlich einfach. Ihre Berücksichtigung hängt zunächst nur davon ab, ob mit dem Staat, in dem die Betriebsstätte belegen ist, ein DBA existiert.

Wie Betriebsstättenverluste aus Staaten, mit denen kein DBA besteht, behandelt werden, wurde in Lektion 7 dargestellt. Existiert mit dem Betriebsstättenstaat ein DBA, so werden Betriebsstätteneinkünfte (und damit auch Verluste aus Betriebsstätten) von Deutschland in aller Regel unter **Progressionsvorbehalt** (§ 32b Abs. 1 S. 1 Nr. 3 EStG) **freigestellt**. Der Progressionsvorbehalt soll nicht die ausländischen Einkünfte diskriminieren, sondern dafür sorgen, dass das inländische Einkommen durch die Freistellung der ausländischen Einkünfte nicht zusätzlich einem geringeren Steuersatz unterworfen wird. Gehen ausländische Verluste in den (negativen) Progressionsvorbehalt ein, wendet der Steuerpflichtige auf sein inländisches Einkommen einen geringeren Durchschnittssteuersatz an, als ohne Progressionsvorbehalt. Damit mindern die freigestellten Verluste über den negativen Progressionsvorbehalt den Durchschnittssteuersatz auf das zvE.

Fall 58
Betriebsstättenverluste aus DBA-Staaten

Doris aus Berlin ist an einer österreichischen, gewerblich tätigen OHG beteiligt. Aus der OHG erhält sie eine Verlustzuweisung. Wie werden diese Verluste in Deutschland steuerlich behandelt?

Gem. Art. 7 Abs. 1 S. 2 DBA D/A werden die Einkünfte unserer Doris aus der OHG als Betriebsstätteneinkünfte von Österreich besteuert und Deutschland stellt sie gem. Art. 23 Abs. 1 lit. a) DBA D/A i.V.m. § 32b Abs. 1 S. 1 Nr. 3 EStG unter (negativem) Progressionsvorbehalt frei.

Leitsatz 13

Betriebsstättenverluste aus DBA-Staaten

Grundsätzlich ist die steuerliche Behandlung ausländischer **Betriebsstättenverluste** einfach. Man muss prüfen, ob mit dem Betriebsstättenstaat ein DBA besteht. Im Ergebnis werden ausländische Betriebsstättenverluste nicht anders als inländische behandelt, sofern sie in einem Staat erzielt werden, mit dem Deutschland **kein DBA** abgeschlossen hat. Sie mindern das zvE. Betriebsstättenverluste, die in einem **DBA-Staat** entstehen, werden in Deutschland in aller Regel unter Progressionsvorbehalt freigestellt.

Von diesem **Grundsatz** gibt es **Ausnahmen**:

- Bei **Drittstaaten** ist § 2a EStG und bei **EWR-Staaten** § 32b Abs. 1 S. 2 Nr. 2 EStG zu beachten (kein negativer Progressionsvorbehalt bei schlechten Verlusten).
- Es ist zu prüfen, ob das DBA (im Methodenartikel oder Protokoll) eine **Aktivitätsklausel** enthält (SOC bei schlechten Verlusten).

Der erste Teil des dargestellten Leitsatzes ist leicht nachvollziehbar. Hiervon gibt es jedoch zahlreiche Ausnahmen. Zunächst unterscheidet der deutsche Gesetzgeber zwischen Verlusten, die aus Betriebsstätten in Drittstaaten und solchen, die in EWR-Staaten erzielt werden. Dann ist danach zu differenzieren, ob zwischen Deutschland und dem Betriebsstättenstaat ein DBA (ggf. mit Aktivitätsklausel) existiert. Darüber hinaus unterscheidet der Gesetzgeber in § 2a EStG zwischen passiven (schlechten) und aktiven (guten) Betriebsstättenverlusten. Diese werden häufig, aber nicht immer, auch der Unterscheidung in aktive und passive Einkünfte in § 8 AStG entsprechen, an die die Aktivitätsklauseln in manchen DBA sowie § 20 Abs. 2 AStG anknüpfen. Aber der Reihe nach.

3.1 Steuerliche Betriebsstättenverluste aus Drittstaaten

Grundsätzlich werden Betriebsstättenverluste (ohne DBA) direkt verrechnet oder (bei Vorliegen eines DBA mit Freistellungsmethode) indirekt über den Progressionsvorbehalt berücksichtigt. Liegen aber passive (schlechte) Betriebsstättenverluste aus Drittstaaten vor, sind diese gem. § 2a EStG weder direkt noch durch den negativen Progressionsvorbehalt zu berücksichtigen. Damit können sie in Deutschland steuerlich überhaupt nicht geltend gemacht werden (aber § 2a Abs. 1 S. 3 EStG beachten).

Verkürzt lässt sich also § 2a EStG hinsichtlich der Betriebsstättenverluste wie folgt beschreiben: Wenn in einem Staat, der nicht dem EWR angehört, Betriebsstättenverluste aus einer passiven Tätigkeit i.S.v. § 2a EStG entstehen, dürfen diese in Deutschland weder unmittelbar verrechnet werden, noch dürfen sie zu einem negativen Progressionsvorbehalt führen.

Fall 59
Passive Betriebsstättenverluste aus DBA-Staaten

Der deutsche Einzelunternehmer Dieter unterhält in den USA eine Betriebsstätte, die Sportwaffen produziert. Aus dem Investment sind ihm Verluste entstanden. Können diese Verluste in Deutschland steuerlich geltend gemacht werden?

Grundsätzlich müssten die Verluste aus der amerikanischen Betriebsstätte in Deutschland unter Progressionsvorbehalt freigestellt werden (Art. 23 Abs. 3 lit. a) DBA D/USA). Da aber die Produktion von Waffen eine schlechte Tätigkeit i.S.v. § 2a Abs. 1 S. 1 Nr. 2 i.V.m. Abs. 2 S. 1 EStG ist, können diese Verluste die Progression nicht mindern.

3.2 Steuerliche Betriebsstättenverluste aus EWR-Staaten

Da § 2a EStG seit 2009 aus europarechtlichen Gründen nicht mehr auf EWR-Staaten angewendet wird, der Gesetzgeber aber weiterhin Verluste aus schlechten Betriebsstätten diskriminieren will, wurde mit dem JStG 2009 § 32b Abs. 1 S. 2 Nr. 2 EStG geschaffen. Diese Norm gehört sprachlich und inhaltlich zu den verrücktesten des Internationalen Steuerrechts. Sie findet immer dann Anwendung, wenn

▶ eine EWR-Betriebsstätte (oder EWR-PersGes)

▶ schlechte Einkünfte i.S.v. § 2a EStG erzielt,

▶ die unter Progressionsvorbehalt freigestellt sind.

Liegen diese drei Tatbestandsvoraussetzungen kumulativ vor, wird der (negative) Progressionsvorbehalt suspendiert.

Fall 60
Betriebsstättenverluste aus EWR-Betriebsstätten

Die deutsche Einzelunternehmerin Doris unterhält in Polen eine Betriebsstätte, die Sportwaffen produziert. Außerdem ist sie an einer polnischen PersGes beteiligt, die ihre Erträge hauptsächlich aus der Vergabe von Lizenzen für Rechte erzielt, die sie selbst erworben hat. Aus beiden Investments sind Doris Verluste entstanden. Können diese in Deutschland steuerlich berücksichtigt werden?

Art. 7 Abs. 1 DBA D/PL weist zunächst für Betriebsstätteneinkünfte, also auch für die Verlustzuweisung aus der PersGes, Polen als Belegenheitsstaat das Besteuerungsrecht zu und Deutschland stellt die Verluste unter Progressionsvorbehalt frei (Art. 24 Abs. 1 lit. a) DBA D/PL). Art. 24 Abs. 1 lit. c) DBA D/PL enthält jedoch eine Aktivitätsklausel. Demnach besteuert Deutschland und wechselt zur Anrechnungsmethode (Switch-Over-Clause; SOC), sofern die Betriebseinnahmen nicht ausschließlich oder fast ausschließlich aus einer aktiven Tätigkeit gem. § 8 Abs. 1 AStG resultieren.

Die Kataloge der passiven Einkünfte in § 2a EStG und § 8 AStG sind nicht identisch. Während die Verluste aus der PersGes unter § 8 Abs. 1 Nr. 6 lit. a) AStG fallen und deshalb auf Abkommensebene wegen Art. 24 Abs. 1 lit. c) DBA D/PL zur Anrechnungsmethode gewechselt wird, stellt die Produktion von Waffen eine aktive Tätigkeit nach § 8 Abs. 1 Nr. 2 AStG und zugleich eine passive Tätigkeit nach § 2a Abs. 1 S. 1 Nr. 2 i.V.m. Abs. 2 S. 1 EStG dar. Damit greift die Aktivitätsklausel in Art. 24 Abs. 1 lit. c) DBA D/PL für die Sportwaffenproduktion nicht, weil sie auf § 8 AStG abstellt, und auf Abkommensebene bleiben die Verluste unter Progressionsvorbehalt freigestellt.

Dadurch sind für die Verluste aus der Betriebsstätte (Sportwaffenproduktion) die drei Tatbestandsmerkmale des § 32b Abs. 1 S. 2 Nr. 2 EStG erfüllt und Deutschland suspendiert den negativen Progressionsvorbehalt. Während Deutschland also die Verluste aus der PersGes durch den Wechsel zur Anrechnungsmethode steuerlich voll berücksichtigt, können die Verluste aus der Betriebsstätte weder direkt noch indirekt (durch einen negativen Progressionsvorbehalt) geltend gemacht werden. Das ist doch irre, oder?

> Ausländische Betriebsstättenverluste aus passiver Tätigkeit i.S.v. § 8 AStG werden steuerlich **begünstigt** (durch SOC in Deutschland voll verrechnet!) und Verluste aus passiver Tätigkeit i.S.v. § 2a EStG werden steuerlich **diskriminiert** (weder Verrechnung noch negativer Progressionsvorbehalt).

Fall 61
Passive Betriebsstättenverluste ohne Aktivitätsklausel

Die deutsche Einzelunternehmerin Doris unterhält in Österreich eine Betriebsstätte, die Sportwaffen produziert. Zudem ist Doris an einer österreichischen PersGes beteiligt, die Babywindeln produziert. Aus beiden Investments sind ihr Verluste entstanden. Können diese Verluste in Deutschland steuerlich berücksichtigt werden?

Art. 7 Abs. 1 DBA D/A weist zunächst für Betriebsstätteneinkünfte, also auch für die Verlustzuweisung aus der PersGes, Österreich als Belegenheitsstaat das Besteuerungsrecht zu und Deutschland stellt die Verluste unter Progressionsvorbehalt frei (Art. 23 Abs. 1 lit. a) DBA D/A). Das DBA D/A enthält keine Aktivitätsklausel.

Während die Sportwaffenproduktion zu den schlechten Einkünften i.S.v. § 2a EStG gehört und damit der negative Progressionsvorbehalt gem. § 32b Abs. 1 S. 2 Nr. 2 EStG suspendiert wird, greifen § 2a i.V.m. § 32b Abs. 1 S. 2 Nr. 2 EStG bei der Produktion von Babywindeln nicht. Daher kann der negative Progressionsvorbehalt hier geltend gemacht werden. Während also die guten Betriebsstättenverluste die Progression in Deutschland mindern, wird dieser Effekt für schlechte Verluste suspendiert. Es ist wichtig, dass Sie diese Lösung verstanden haben. Ansonsten würde Ihnen die echte Skurrilität im folgenden Fall entgehen.

§ 32b Abs. 1 S. 2 Nr. 2 EStG nimmt nicht nur die schlechten Betriebsstättenverluste vom **Progressionsvorbehalt** aus, sondern auch die schlechten Betriebsstättengewinne. Dies ist die Folge der vom BFH vertretenen und vom EuGH bestätigten **Symmetriethese**. Andernfalls würde die Norm europarechtswidrig sein.

Fall 62
Passive Betriebsstättengewinne

Wie der vorherige Fall. Allerdings sind ihr nunmehr aus beiden Investments Gewinne entstanden. Wie werden diese Gewinne steuerlich in Deutschland behandelt?

Art. 7 Abs. 1 DBA D/A weist wieder für Betriebsstätteneinkünfte, also auch für die Gewinnzuweisung aus der PersGes, Österreich als Belegenheitsstaat das Besteuerungsrecht zu und Deutschland stellt die Gewinne unter Progressionsvorbehalt frei (Art. 23 Abs. 1 lit. a) DBA D/A). Das wäre der Grundsatz.

Während aber die Sportwaffenproduktion zu den schlechten Einkünften i.S.v. § 2a EStG gehört und damit der positive Progressionsvorbehalt gem. § 32b Abs. 1 S. 2 Nr. 2 EStG suspendiert wird, greifen § 2a i.V.m. § 32b Abs. 1 S. 2 Nr. 2 EStG bei der Produktion von Babywindeln nicht. Daher muss der positive Progressionsvorbehalt hier Anwendung finden.

Während also die guten Betriebsstättengewinne den auf das zvE anzuwendenden Durchschnittssteuersatz in Deutschland erhöhen, wird dieser Effekt für schlechte Gewinne suspendiert.

Die Folge des § 32b Abs. 1 S. 2 Nr. 2 EStG für Betriebsstättengewinne ist **skurril**: Während die Gewinne aus passiven Betriebsstätten i.S.v. § 2a EStG vom Progressionsvorbehalt ausgenommen werden, sind **aktive Betriebsstättengewinne schlechter gestellt**, weil diese nicht vom Progressionsvorbehalt befreit sind. Aktive Betriebsstättengewinne werden also gegenüber passiven Betriebsstättengewinnen diskriminiert.

Lektion 12: Arbeitnehmerbesteuerung

Wir kommen jetzt wieder in ruhigeres Fahrwasser.

Leitsatz 14

Arbeitnehmerbesteuerung im Abkommensrecht

Abkommensrechtlich hat grundsätzlich der **Tätigkeitsstaat** das Besteuerungsrecht, während der Ansässigkeitsstaat unter Progressionsvorbehalt freistellt (**Arbeitsortprinzip**). Dies gilt auch für Abfindungen, sofern sie „dafür", also für die Tätigkeit, gewährt werden.

Das Arbeitsortprinzip findet in Ausnahmefällen keine Anwendung. Die beiden wichtigsten sind die **183-Tage-Regel**, bei der das Besteuerungsrecht an den Ansässigkeitsstaat zurückfällt, sofern alle drei Voraussetzungen erfüllt sind, sowie **Grenzgängerregeln**, die mit einigen (westlichen und südlichen) Nachbarstaaten abgeschlossen wurden, damit Berufspendler nicht steuerlich diskriminiert werden. In neueren Abkommen gibt es diese Regel nicht mehr, weil nunmehr § 1 Abs. 3 EStG existiert.

1 Das Arbeitsortprinzip

Die Zuteilung des Besteuerungsrechts bei Arbeitnehmern ist i.d.R. in den Art. 15 ff. eines Abkommens geregelt. Dabei stellt Art. 15 die Grundnorm dar, während die anschließenden Artikel Sonderregeln für besondere Berufsgruppen enthalten (bitte kurz die Überschriften der Art. 15 bis 20 im DBA D/A oder Art. 15 bis 21 im DBA D/PL ansehen). Deshalb beginnt Art. 15 Abs. 1 mit den Worten „Vorbehaltlich der Artikel 16 ...".

Art. 15 ist i.d.R. so aufgebaut, dass zunächst in Abs. 1 das **Arbeitsortprinzip** kodifiziert wird. Grundsätzlich besteuert der Ansässigkeitsstaat (1. Halbsatz). Wenn der Arbeitnehmer aber im anderen Vertragsstaat arbeitet, erhält dieser das Besteuerungsrecht (2. Halbsatz). Der Tätigkeitsstaat darf dann besteuern und der Ansässigkeitsstaat **stellt** die Einkünfte im Methodenartikel (unter Progressionsvorbehalt) **frei**. In den weiteren Absätzen des Art. 15 DBA gibt es davon Ausnahmen.

Fall 63
Das Arbeitsortprinzip im Abkommensrecht

Anton und Annemarie wohnen in Strobl (Österreich). Beide arbeiten für die deutsche D GmbH, die in Bad Reichenhall (Bayern) Gartenzwerge produziert. Anton ist Buchhalter und Annemarie Geschäftsführerin für den Bereich Technik.

Besteuert Deutschland die Einkünfte?

Beide sind nach § 1 Abs. 4 EStG beschränkt steuerpflichtig, da sie inländische EanA gem. § 19 Abs. 1 S. 1 Nr. 1 i.V.m. § 49 Abs. 1 Nr. 4 EStG erzielen. Annemarie fällt unter lit. c) und Anton unter lit. a). Grundsätzlich ist ihre Steuerpflicht wegen § 50 Abs. 2 S. 1 EStG durch den LoSt-Abzug abgegolten. Als EWR-Ausländer (doppelter EWR-Bezug) können sie aber nach § 50 Abs. 2 S. 2 Nr. 4 lit. b) i.V.m. S. 7 EStG zur Veranlagung optieren.

Abkommensrechtlich fällt Anton unter Art. 15 Abs. 1 DBA D/A und Annemarie unter Art. 16 Abs. 2 DBA D/A. Damit hat Deutschland in beiden Fällen das uneingeschränkte Besteuerungsrecht. Österreich stellt die Einkünfte, trotz der unbeschränkten Steuerpflicht, gem. Art. 23 Abs. 2 lit. a) DBA D/A frei.

Fall 64
Abfindungen im Abkommensrecht

Wie im vorhergehenden Fall. Allerdings ist der kaufmännische Geschäftsführer mit den Leistungen von Anton nicht zufrieden. Daher wird er gefeuert. Damit er wirklich geht, erhält Anton noch eine Abfindung. Wer besteuert die Abfindung?

Das ist nicht trivial. Aber der Reihe nach. Die Abfindung stellt wegen § 49 Abs. 1 Nr. 4 lit. d) i.V.m. § 19 und § 24 Nr. 1 EStG inländische Einkünfte dar, die Deutschland besteuern will. Fraglich ist, ob darauf Art. 15 Abs. 1 DBA D/A Anwendung finden kann.

Der BFH legt den Art. 15 wörtlich (und überzeugend) aus. Nach seiner Ansicht fällt diese Abfindung nicht unter Art. 15 Abs. 1 S. 2 DBA D/A, weil dort von den „dafür bezogenen Vergütungen" geschrieben steht (bitte mit dem Textmarker bearbeiten). Er hat aber die Abfindung gerade nicht für seine Tätigkeit erhalten, sondern dafür, dass er sich vom Acker macht. Folglich hätte allein der Ansässigkeitsstaat (Österreich) gem. Art. 15 Abs. 1 S. 1 DBA D/A das Besteuerungsrecht.

Fall 65
Konsultationsvereinbarungen

Wie würden Sie den Fall beurteilen, wenn er die Abfindung für seine langjährigen guten Dienste erhalten hätte?

Dann greift das „dafür" und Deutschland würde besteuern, während Österreich freistellen müsste. Das finden die Steuerpflichtigen natürlich prima. Wenn ein Arbeitsverhältnis aufgelöst wird und sich Arbeitgeber und Arbeitnehmer einig sind, könnten sie so durch entsprechende Abfindungsklauseln selbst festlegen, welchem Vertragsstaat das Besteuerungsrecht zukommt.

Das findet die deutsche Finanzverwaltung nicht witzig. Daher hat sie mit befreundeten ausländischen Finanzverwaltungen sog. **Konsultationsvereinbarungen** getroffen, in denen die beiden Finanzverwaltungen unter anderem festlegen, dass bei Abfindungen **immer** der ehemalige Tätigkeitsstaat besteuern darf.

Das wiederum findet der BFH bedenklich. Für die Gesetze ist immer noch der Gesetzgeber und für deren Auslegung die Finanzgerichtsbarkeit zuständig. Daher haben solche Konsultationsvereinbarungen natürlich keine rechtliche Bedeutung.

Das findet die Finanzverwaltung nicht nett. Daher hat sie den Gesetzgeber „gebeten", in § 2 AO einen Abs. 2 einzufügen, der diese Konsultationsvereinbarungen per Ermächtigung legitimiert. Das hat er dann auch getan. Allerdings hat der BFH zurecht (!) darauf hingewiesen, dass Konsultationsvereinbarungsverordnungen lediglich materielles Recht, hingegen DBA formelles Recht darstellen. Die Finanzverwaltung reagierte abermals und führte mit dem BEPS-Umsetzungsgesetz (BGBl I 2016, S. 3000) § 50d Abs. 12 EStG ein. Fortan gelten Abfindungen anlässlich der Beendigung eines Dienstverhältnisses für die DBA-Anwendung als für die frühere Tätigkeit geleistetet.

2 Die 183-Tage-Regel

Das Arbeitsortprinzip als Grundsatz ist Ihnen nun klar. Damit aber nicht jeder Arbeitnehmer, der von seinem Arbeitgeber für ein paar Tage ins Ausland entsendet wird, sofort in die internationale Doppelbesteuerung gerät, enthält Art. 15 Abs. 2 DBA die sog. 183-Tage-Regel, durch die das Besteuerungsrecht bei unbedeutenden Auslandseinsätzen an den Ansässigkeitsstaat zurückfällt.

▰ Fall 66
Die 183-Tage-Regel

Doris arbeitet für die D AG in Deutschland. Die D AG unterhält eine Betriebsstätte in Österreich sowie eine Betriebsstätte in Polen. Die D AG entsendet Doris für 20 Tage in die polnische Betriebsstätte, weil dort ein Mitarbeiter ausgefallen ist und sie das für die Stelle notwendige Fachwissen besitzt. Die D AG belastet die Betriebsstätte für diese Zeit mit dem Gehalt. Außerdem schickt sie der Arbeitgeber für eine Woche in die österreichische Betriebsstätte, um dort „nach dem Rechten zu sehen". Für diese Überwachungstätigkeit stellt die AG der Betriebsstätte natürlich die Personalkosten nicht in Rechnung. Wer hat abkommensrechtlich das Besteuerungsrecht?

Fangen wir mit Polen an. Wenn Doris in Polen arbeitet, hat gem. Art. 15 Abs. 1 S. 2 DBA D/PL auch Polen als Tätigkeitsstaat das Besteuerungsrecht. Es könnte allerdings gem. Art. 15 Abs. 2 DBA D/PL an Deutschland zurückfallen, wenn drei Voraussetzungen kumulativ erfüllt sind:

a) Der Empfänger der Vergütung darf sich im anderen Staat insgesamt nicht länger als 183 Tage innerhalb eines Zeitraums von 12 Monaten, der während des betreffenden Steuerjahrs beginnt oder endet, aufhalten.

Diese Voraussetzung ist erfüllt.

b) Die Vergütungen werden von einem Arbeitgeber oder für einen Arbeitgeber gezahlt, der nicht im anderen Staat ansässig ist.

Die Voraussetzung ist ebenfalls erfüllt.

c) Die Vergütungen werden nicht von einer Betriebsstätte oder einer festen Einrichtung getragen, die der Arbeitgeber im anderen Staat hat.

Diese Voraussetzung ist nicht erfüllt.

Damit fällt das Besteuerungsrecht nicht an den Ansässigkeitsstaat zurück und Polen behält gem. Art. 15 Abs. 1 S. 2 DBA D/PL das Besteuerungsrecht, während Deutschland diese Einkünfte gem. Art. 24 Abs. 1 lit. a) DBA D/PL freistellt.

Kommen wir zu Österreich. Auch hier könnte das Besteuerungsrecht gem. Art. 15 Abs. 2 DBA D/A an Deutschland zurückfallen, wenn die drei Voraussetzungen der 183-Tage-Regel kumulativ erfüllt sind. Beachten Sie, dass die Formulierungen in beiden Abkommen geringfügig voneinander abweichen.

a) Der Empfänger der Vergütung darf sich im anderen Staat insgesamt nicht länger als 183 Tage während des betreffenden Kalenderjahrs aufhalten.

b) Die Vergütungen werden von einem Arbeitgeber oder für einen Arbeitgeber gezahlt, der nicht im anderen Staat ansässig ist.

c) Die Vergütungen werden nicht von einer Betriebsstätte oder einer festen Einrichtung getragen, die der Arbeitgeber im anderen Staat hat.

Diesmal sind alle drei Voraussetzungen erfüllt. Die 183-Tage-Regel greift und allein Deutschland hat das Besteuerungsrecht für den Auslandseinsatz.

3 Die Grenzgängerregel

Art. 15 Abs. 6 DBA D/A enthält für Arbeitnehmer auch eine sog. Grenzgängerregel. Durch diese soll ebenfalls das Besteuerungsrecht vom Tätigkeitsstaat an den Ansässigkeitsstaat zurückfallen. Dadurch sollen Grenzgänger begünstigt werden. Aber sehen Sie selbst.

Fall 67
Grenzgängerregel

Der Buchhalter Anton aus Strobl (Österreich) arbeitet bei der D AG in Bad Reichenhall (Bayern). Andere Einkünfte erzielt Anton nicht. Er kehrt täglich nach getaner Arbeit nach Strobl zurück. Anton hat sich im letzten Jahr die Kauleiste sanieren lassen und deshalb erhebliche außergewöhnliche Belastungen, die er steuerlich geltend machen will. Wer hat abkommensrechtlich das Besteuerungsrecht und wo kann er seine außergewöhnlichen Belastungen geltend machen?

Grundsätzlich würde der Tätigkeitsstaat, also Deutschland, besteuern (Art. 15 Abs. 1 S. 2 DBA D/A). Wenn aber die Grenzgängerregel des Art. 15 Abs. 6 DBA D/A greift, fällt das Besteuerungsrecht an den Ansässigkeitsstaat Österreich zurück. Hierfür müsste Anton täglich zur Arbeit pendeln (das ist gegeben) und Arbeitsstätte sowie Wohnung müssten sich in der Nähe der Grenze befinden. Bad Reichenhall liegt unmittelbar an der österreichischen Grenze, Strobl liegt ca. 60 km davon entfernt.

Und woher soll Anton nun wissen, was die Vertragspartner unter „Nähe der Grenze" verstehen? Er könnte im Protokoll zum DBA D/A nachlesen (genau das sollten Sie jetzt tun). In Tz. 8 wird eine Entfernung von 30 km genannt. Da Strobl weiter von der Grenze entfernt ist, greift die Grenzgängerregel nicht und Deutschland behält das Besteuerungsrecht, während Österreich freistellt.

Allerdings kann er seine außergewöhnlichen Belastungen in Deutschland nicht geltend machen, weil § 50 Abs. 2 S. 1 EStG die Abgeltung durch die LoSt vorsieht. Selbst wenn er nach § 50 Abs. 2 S. 2 Nr. 4 lit. b) i.V.m. S. 7 EStG zur Veranlagung optieren würde, wäre ihm durch § 50 Abs. 1 S. 3 EStG der Abzug verwehrt. Auch in Österreich sieht es düster aus. Er ist dort zwar unbeschränkt steuerpflichtig, erzielt aber kein Einkommen und daher würde auch dort keine Abzugsmöglichkeit bestehen.

Modifikation zu Fall 67

Würde sich die Situation ändern, wenn Anton in Salzburg wohnen würde?

Jawohl! Salzburg liegt, wie Bad Reichenhall, direkt an der Grenze, unweit von Bad Reichenhall. Damit wären die Voraussetzungen des Art. 15 Abs. 6 DBA D/A erfüllt und Österreich hätte das alleinige Besteuerungsrecht. Da er dort unbeschränkt steuerpflichtig ist, kann er nunmehr auch seine außergewöhnlichen Belastungen in Österreich geltend machen.

Eine **Grenzgängerregel** führt dazu, dass das Besteuerungsrecht an den Ansässigkeitsstaat zurückfällt. Damit kann der Steuerpflichtige **im Ansässigkeitsstaat** seine **Sonderausgaben** und **außergewöhnlichen Belastungen** als unbeschränkt Steuerpflichtiger geltend machen.

Wenn die Grenzgängerregel den Steuerpflichtigen begünstigen soll, stellt sich die Frage, warum das DBA D/PL solch eine Regel nicht enthält. Auch hierfür gibt es eine logische Begründung, die sich aus dem Europarecht ergibt und mit § 1 Abs. 3 EStG zu tun hat. Hierzu kommen wir aber erst in Lektion 16.

Mehr Fälle und Lösungen zur steuerlichen Behandlung des Arbeitslohns in Doppelbesteuerungsabkommen hat das BMF in folgendem Schreiben veröffentlicht, das auf meiner Homepage (s. Prolog) in den ergänzenden Materialien kostenlos als Download zur Verfügung steht: Doppelbesteuerungsabkommen, Steuerliche Behandlung des Arbeitslohns, BMF-Schreiben vom 12.11.2014, BStBl. I 2015, S. 278.

Lektion 13: Veräußerungsgewinne

Nicht nur für laufende Einkünfte regeln die Abkommen, wie eine Doppelbesteuerung vermieden wird, sondern auch für Veräußerungsvorgänge. Die einschlägige Verteilungsnorm ist i.d.R. Art. 13 DBA. Dieser hat eine recht klare Struktur. Wenn der Staat, in dem das Wirtschaftsgut veräußert wird, faktisch besteuern (oder zur Not zwangsvollstrecken) kann, erhält er auch das Besteuerungsrecht und der Ansässigkeitsstaat stellt frei; falls nicht, erhält der Ansässigkeitsstaat das vollumfängliche Besteuerungsrecht.

Übersicht 3: Zuteilung des Besteuerungsrechts nach Art. 13 DBA D/PL bei Veräußerungen

Veräußerung von	Belegenheitsstaat	Ansässigkeitsstaat
unbeweglichem Vermögen (Abs. 1)	Volles Besteuerungsrecht	Freistellung
Immobiliengesellschaften (Abs. 2)	Volles Besteuerungsrecht	Anrechnung oder Freistellung
beweglichen Wirtschaftsgütern einer **Betriebsstätte** (Abs. 3)	Volles Besteuerungsrecht	Freistellung
Schiffen und Flugzeugen (Abs. 4)	Allein der Staat darf besteuern, in dem sich die Geschäftsleitung befindet	
allen **übrigen** Wirtschaftsgütern; z.B. Anteilen an KapGes (Abs. 5)		Alleiniges Besteuerungsrecht

1 Besteuerung im Belegenheitsstaat

■ Fall 68
Veräußerung einer Betriebsstätte

Anton aus Strobl ist ortsansässiger Einzelunternehmer. Er betreibt darüber hinaus eine Betriebsstätte in Bayern. Diese will er verkaufen. Welcher Vertragsstaat hat das Besteuerungsrecht?

Die Veräußerung der Betriebsstätte ist nach deutschem Recht gem. § 1 Abs. 4 i.V.m. § 49 Abs. 1 Nr. 2 lit. a) und § 16 EStG zu erfassen. Für Abkommenszwecke ist nicht auf die Betriebsstätte als solche, sondern auf ihre Wirtschaftsgüter abzustellen, da die Betriebsstätte selbst kein Wirtschaftsgut ist. Art. 13 Abs. 3 DBA D/A weist dem Belegenheitsstaat (hier Deutschland) das Besteuerungsrecht zu, während der Ansässigkeitsstaat Österreich den Gewinn nach Art. 23 Abs. 2 lit. a) DBA D/A unter Progressionsvorbehalt freistellt, obwohl er nach nationalem Recht aufgrund der unbeschränkten Steuerpflicht ein Besteuerungsrecht hätte. Gehört zum Betriebsvermögen der Betriebsstätte auch unbewegliches Vermögen, fällt hierfür das Besteuerungsrecht über Art. 13 Abs. 1 DBA D/A ebenfalls dem Belegenheitsstaat zu, während der Ansässigkeitsstaat freistellt (Art. 23 Abs. 2 lit. a) DBA D/A).

■ Fall 69
Veräußerung eines Mitunternehmeranteils

Anton aus Strobl ist an einer deutschen KG beteiligt, die einer gewerblichen Tätigkeit nachgeht. Er veräußert seinen Mitunternehmeranteil. Wer hat nun das Besteuerungsrecht?

Die Veräußerung des Mitunternehmeranteils ist ebenfalls über § 1 Abs. 4 i.V.m. § 49 Abs. 1 Nr. 2 lit. a) und § 16 EStG zu erfassen. Für Abkommenszwecke ist auch hier nicht auf den Mitunternehmeranteil als solchen, sondern auf die hierdurch vermittelten Wirtschaftsgüter abzustellen, die in der deutschen Betriebsstätte (PersGes) belegen sind; denn nach deutschem (und österreichischem) Verständnis ist der Mitunternehmeranteil selbst kein Wirtschaftsgut. Art. 13 Abs. 3 DBA D/A weist für das anteilige bewegliche Betriebsvermögen wieder Deutschland das Besteuerungsrecht zu, während Österreich den Gewinn nach Art. 23 Abs. 2 lit. a) DBA D/A unter Progressionsvorbehalt freistellt. Der Veräußerungserfolg für das unbewegliche Vermögen wird, wie im vorherigen Fall, über Art. 13 Abs. 1 DBA D/A geregelt.

Nach deutschem Verständnis ist die Veräußerung einer Mitunternehmerschaft, eines Mitunternehmeranteils oder einer Betriebsstätte als (anteilige) **Veräußerung der Wirtschaftsgüter** der PersGes oder Betriebsstätte anzusehen. Ursache ist, dass nach deutschem Verständnis die PersGes oder Betriebsstätte selbst kein Wirtschaftsgut ist. Dies muss im Ausland aber nicht zwingend so gesehen werden.

Fall 70
Veräußerung einer Immobilie

Anton aus Strobl ist Eigentümer einer Immobilie in Frankfurt (Oder), die er 1990 günstig erworben hat und als Ferienwohnung vermietet. Er veräußert die Wohnung. Wer darf den Veräußerungsgewinn besteuern?

Dieser Fall wird aus didaktischen Gründen ausnahmsweise zuerst abkommensrechtlich und dann nach nationalem Recht gelöst.

Abkommensrechtlich ist Deutschlands Besteuerungsrecht nicht beschränkt, da Art. 13 Abs. 1 DBA D/A dem Belegenheitsstaat einer Immobilie ein uneingeschränktes Besteuerungsrecht gewährt. Österreich als Ansässigkeitsstaat stellt den Gewinn nach Art. 23 Abs. 2 lit. a) DBA D/A unter Progressionsvorbehalt frei.

Anton ist mit seinem Veräußerungsgewinn in Deutschland allerdings gar nicht steuerpflichtig gem. § 1 Abs. 4 EStG. § 49 Abs. 1 Nr. 8 lit. a) i.V.m. § 22 Nr. 2 und § 23 Abs. 1 EStG greifen nicht, weil die Zehnjahresfrist des § 23 Abs. 1 Nr. 1 S. 1 EStG überschritten ist. Österreich kann aber auch nicht besteuern, weil Anton dort zwar unbeschränkt steuerpflichtig ist (Welteinkommensprinzip), abkommensrechtlich aber Art. 23 Abs. 2 lit. a) DBA D/A die Freistellung erzwingt. Damit liegen weiße Einkünfte (Einkünfte, die von keinem Staat besteuert werden) vor. Man sieht, dass das DBA nicht nur die tatsächliche, sondern auch die virtuelle Doppelbesteuerung vermeidet.

Fall 71
Veräußerung einer vermögensverwaltenden KG

Anton ist an einer vermögensverwaltenden deutschen KG beteiligt, die lediglich eine Immobilie vermietet. Er veräußert seinen Anteil. Zwischen Erwerb des Anteils an der KG und der Veräußerung liegen weniger als 10 Jahre. Wer besteuert?

Anton ist mit seinem Veräußerungsgewinn in Deutschland beschränkt steuerpflichtig gem. § 1 Abs. 4 i.V.m. § 49 Abs. 1 Nr. 8 lit. a) i.V.m. § 22 Nr. 2 i.V.m. § 23 Abs. 1 Nr. 1 EStG. Wäre die KG gewerblich geprägt, wäre § 49 Abs. 1 Nr. 2 lit. a) EStG (Geschäftsleitungsbetriebsstätte) einschlägig.

Abkommensrechtlich wird Deutschlands Besteuerungsrecht nicht beschränkt, da Art. 13 Abs. 1 DBA D/A dem Belegenheitsstaat einer Immobilie ein uneingeschränktes Besteuerungsrecht gewährt. Abkommensrechtlich wird Anton also so behandelt, als verkaufte er seinen Anteil an der deutschen Immobilie. Österreich als Ansässigkeitsstaat stellt den Gewinn nach Art. 23 Abs. 2 lit. a) DBA D/A unter Progressionsvorbehalt frei.

Fall 72
Veräußerung einer vermögensverwaltenden KapGes

Pawel möchte in Berlin ein Haus erwerben, für ein paar Jahre vermieten und dann veräußern. Weil er den Veräußerungsgewinn nicht in Deutschland, sondern in Polen (mit 19%) versteuern möchte, hat er eine grandiose Idee entwickelt. Er gründet eine GmbH, die nichts tut, außer die Immo zu kaufen und zu halten. Später veräußert er nicht die Immo, sondern die GmbH. Ist das eine gute Idee?

Mal sehen! Pawel ist beschränkt steuerpflichtig gem. § 1 Abs. 4 i.V.m. § 49 Abs. 1 Nr. 2 lit. e) lit. aa) i.V.m. § 17 Abs. 1 EStG. Abkommensrechtlich stellen Anteile an KapGes grundsätzlich bewegliches Vermögen dar, das unter die Auffangregel in Art. 13 Abs. 5 DBA D/PL fällt. Dessen Veräußerung darf nur der Ansässigkeitsstaat besteuern; und das wäre Polen.

Um allerdings Ausweichgestaltungen zu vermeiden (Einbringung von Immobilien in KapGes und anschließende Veräußerung derselben) existiert eine Ausnahme für KapGes, deren **Aktivvermögen überwiegend aus unbeweglichem Vermögen** besteht. Art. 13 Abs. 2 DBA D/PL weist dem Belegenheitsstaat (hier Deutschland) das Besteuerungsrecht zu. Pawels Gestaltungsmodell wird also nicht fliegen.

Polen stellt den Veräußerungsgewinn (trotz unbeschränkter Steuerpflicht) nach Art. 24 Abs. 2 lit. a) DBA D/PL unter Progressionsvorbehalt frei. Das ist nett und systematisch nachvollziehbar, wenn man unterstellt, dass die Struktur von Pawel nur gewählt wurde, um nicht unter Art. 13 Abs. 1 DBA D/PL zu fallen. Hielte er die Immo direkt, würde Polen auch freistellen. Was systematisch logisch ist, muss aber nicht immer richtig sein.

Drehen wir den **Fall 72** um:

Fall 73
Veräußerung einer vermögensverwaltenden KapGes

Dieter möchte in Warschau ein Haus erwerben, für ein paar Jahre vermieten und dann veräußern. Weil er den Veräußerungsgewinn nicht in Polen, sondern in Deutschland versteuern möchte, gründet er eine Sp. z o.o., die nichts tut, außer die Immo zu kaufen und zu halten. Später veräußert er nicht die Immo, sondern die Sp. z o.o. Wie wird jetzt besteuert?

Dieter ist beschränkt steuerpflichtig in Polen. Art. 13 Abs. 2 DBA D/PL weist auch dem Belegenheitsstaat Polen das Besteuerungsrecht zu. Deutschland stellt den Veräußerungsgewinn aber nicht nach Art. 24 Abs. 1 lit. a) DBA D/PL unter Progressionsvorbehalt frei, sondern wendet Art. 24 Abs. 1 lit. b) sublit. bb) DBA D/PL, also die **Anrechnungsmethode** an. Das ist zwar unsystematisch, bringt dem Fiskus aber zusätzliche Einnahmen.

2 Besteuerung im Ansässigkeitsstaat

▬ Fall 74
Veräußerung von Anteilen an einer KapGes

Pawel ist an einer deutschen GmbH beteiligt, die nicht über wesentliches Grundvermögen verfügt. Er veräußert seine Beteiligung. Wer darf besteuern?

Das sollte für Sie jetzt einfach sein.

Nach deutschem Steuerrecht erfüllt Pawel mit der Veräußerung den Tatbestand des § 1 Abs. 4 i.V.m. § 49 Abs. 1 Nr. 2 lit. e) lit. aa) i.V.m. § 17 Abs. 1 EStG. Jedoch ist das Besteuerungsrecht Deutschlands eingeschränkt, da der Veräußerungsgewinn nach Art. 13 Abs. 5 DBA D/PL nur vom Ansässigkeitsstaat besteuert werden kann. Polen besteuert also (allein) aufgrund der unbeschränkten Steuerpflicht; das DBA schränkt diesen Anspruch nicht ein.

▬ Fall 75
Veräußerung bei einer intransparenten PersGes

Doris ist an einer deutschen KG beteiligt, die gewerblich tätig ist. Sie will ihren Lebensabend auf Malle verbringen und überlegt daher, ob sie erst ihren Mitunternehmeranteil veräußern und dann nach Spanien verziehen oder erst nach Spanien verziehen soll. Helfen Sie ihr! Gehen Sie davon aus, dass Spanien die KG intransparent behandelt.

Vergleichen wir also die Alternativen.

Doris ist zunächst unbeschränkt steuerpflichtig in Deutschland (§ 1 Abs. 1 S. 1 EStG). Wenn sie ihren Mitunternehmeranteil veräußert, erzielt sie EaGB gem. § 16 Abs. 1 Nr. 2 EStG. Deutschland hat also das vollumfängliche Besteuerungsrecht. Spanien hat mit der Besteuerung nichts zu tun.

Wenn Sie *vor der Veräußerung* nach Spanien verzieht, sieht die Welt anders aus. In Deutschland ist Doris nunmehr beschränkt steuerpflichtig nach § 1 Abs. 4 i.V.m. § 49 Abs. 1 Nr. 2 lit. a) und § 16 Abs. 1 Nr. 2 EStG.

Spanien würde den Veräußerungserfolg nunmehr im Rahmen der unbeschränkten Steuerpflicht besteuern.

Die Doppelbesteuerung könnte auch nicht durch Art. 13 i.V.m. Art. 22 DBA D/E vermieden werden. Deutschland würde die PersGes transparent behandeln und nach Art. 13 Abs. 4 (bewegliches Betriebsvermögen) bzw. Art. 13 Abs. 1 DBA D/E (unbewegliches Betriebsvermögen) das vollumfängliche Besteuerungsrecht für sich in Anspruch nehmen. Spanien würde dies völlig anders sehen. Da Spanien die KG steuerlich intransparent behandelt, wäre Art. 13 Abs. 6 DBA D/E (alle übrigen Wirtschaftsgüter) einschlägig und Spanien würde für sich das alleinige Besteuerungsrecht beanspruchen. Damit bleibt es bei einer grandiosen Doppelbesteuerung. Das ist der GAU für Doris.

Gem. Art. 24 DBA D/E kann die Steuerpflichtige dann ein Verständigungsverfahren beantragen. Die Finanzverwaltungen beider Vertragsstaaten müssen dies zwar durchlaufen, wenn die Steuerpflichtige es beantragt. Es besteht aber kein Einigungszwang! Das Verständigungsverfahren kann also langwierig und sinnlos sein.

Falls Sie denken, dass Spanien die deutsche Steuer anrechnen wird, werden Sie wohl auf dem Holzweg sein. Spanien wird (aus deren Sicht zu Recht) einwenden, dass Deutschland wegen Art. 13 Abs. 6 DBA D/E gar kein Besteuerungsrecht hatte; und daher ist es Spanien nicht zumutbar, eine Steuer anzurechnen, die Deutschland zu Unrecht erhoben hat. Was bleibt der Steuerpflichtigen übrig?

Sie sollte sich bei ihrem Steuerberater erkundigen, ob dieser die Beiträge für seine Haftpflichtversicherung bezahlt hat und sich den Schaden von ihm erstatten lassen, weil hier eindeutig ein grober Beratungsfehler vorliegen würde.

Lektion 14: Austritt aus der Steuerpflicht

Der Titel von Lektion 14 soll Sie zunächst irritieren. Worum geht es?

Im Folgenden sollen ein paar wichtige Fälle diskutiert werden, bei denen Deutschland ein Besteuerungsrecht, das bislang bestand, verliert (sog. Steuerentstrickung).

Eine Steuerentstrickung kann insbesondere bei einem Wegzug des Steuerpflichtigen, beim Verbringen von Wirtschaftsgütern ins Ausland, durch Funktionsverlagerungen oder Umwandlungen erfolgen. Dass der Gesetzgeber hierauf durch entsprechende Sondernormen reagiert, ist aus fiskalischer Sicht nachvollziehbar. Dies soll Lektion 14 verdeutlichen.

Leitsatz 15

Sachverhalte, die eine Steuerentstrickung auslösen können

1. **Wegzug** des Steuerpflichtigen

   Zieht ein deutscher Staatsbürger, der hier in den letzten zehn Jahren mindestens fünf Jahre unbeschränkt steuerpflichtig war, in eine **Steueroase**, könnte die erweiterte beschränkte Steuerpflicht nach § 2 Abs. 1 AStG greifen.

   Unabhängig davon, ob der Steuerpflichtige in eine Steueroase zieht, greift die **Wegzugsbesteuerung** des § 6 AStG. Die Norm soll die Besteuerung der stillen Reserven, die in einer Beteiligung an einer KapGes stecken, sicherstellen.

2. **Verbringung** von Betriebsvermögen ins Ausland

   Werden Wirtschaftsgüter in eine ausländische Betriebsstätte verbracht, kann Deutschland das Besteuerungsrecht an den stillen Reserven verlieren. Für diese und vergleichbare **Entstrickungsfälle** hat der Gesetzgeber § 4 Abs. 1 S. 3 und 4 EStG sowie korrespondierend § 12 KStG geschaffen. In EU-Fällen ist eine **Stundung** der Steuer durch § 4g EStG möglich.

> 3. Funktionsverlagerung
>
> Werden **betriebliche Funktionen** an nahe stehende ausländische Personen (z.B. Tochter-KapGes) **übertragen**, muss gem. § 1 AStG eine Gewinnbesteuerung erfolgen. Es werden Erfolgspotenziale, die nicht bilanziert wurden, bei der Verlagerung von betrieblichen Funktionen besteuert, indem ein fiktiver fairer Veräußerungspreis bestimmt wird (**Funktionsverlagerungsverordnung**).
>
> 4. Umwandlungen
>
> Droht dem deutschen Fiskus aufgrund von **Umwandlungsfällen Steuersubstrat** verloren zu gehen, sind i.d.R. die stillen Reserven aufzulösen und zu **versteuern**.

1 Der Steuerpflichtige zieht weg

Zieht ein deutscher Staatsbürger, der hier in den letzten zehn Jahren mindestens fünf Jahre unbeschränkt steuerpflichtig war, in eine Steueroase, könnte die erweiterte beschränkte Steuerpflicht nach § 2 Abs. 1 AStG greifen. Wenn er weiterhin wesentliche wirtschaftliche Interessen in Deutschland hat und die nicht ausländischen Einkünfte mehr als 16.500 € betragen, wird er trotz des „Austritts" aus der unbeschränkten Steuerpflicht noch weitere zehn Jahre mit allen Einkünften, die nicht unter § 34d EStG fallen (ausländische Einkünfte), besteuert. Außerdem wird die Abgeltung durch die QuStn nach § 50 Abs. 2 S. 1 i.V.m. § 50a EStG aufgehoben (§ 2 Abs. 5 S. 2 AStG).

Um den Sinn der Vorschrift zu verstehen, muss man Schritt für Schritt vorgehen. Schauen wir uns den Steuerpflichtigen also in verschiedenen Phasen an.

Als er noch unbeschränkt steuerpflichtig nach § 1 Abs. 1 EStG war, wurde grundsätzlich sein Welteinkommen in Deutschland besteuert. Sofern er ausländische Einkünfte i.S.d. § 34d EStG (z.B. aus der Steueroase) erzielt hat, wäre eine Anrechnung der ausländischen Steuern theoretisch möglich gewesen; praktisch wird sich die Anrechnung aber in engen Grenzen halten. Steueroasen erheben wenig Steuern, die in Deutschland anrechenbar sind; sonst wären es keine Steueroasen.

Wenn er dann verzieht, wäre er grundsätzlich nur noch beschränkt Steuerpflichtig nach § 1 Abs. 4 EStG, sofern und soweit er inländische Einkünfte i.S.v. § 49 EStG erzielte.

§ 2 Abs. 1 AStG sagt, dass der Steuerpflichtige für zehn Jahre nicht nur mit seinen inländischen Einkünften i.S.v. § 49 EStG, sondern mit seinen nicht ausländischen Einkünften i.S.v. § 34d EStG in Deutschland steuerpflichtig bleibt.

Nun stellt sich für Sie die Frage, ob das nicht das Gleiche ist.

Fall 76
Die erweiterte beschränkte Steuerpflicht

Doris zieht von Deutschland nach Monte Carlo. Das Fürstentum Monaco erhebt von Doris keine Steuern. Sie erzielt weiterhin Zinseinnahmen i.H.v. 20.000 € p. a. von der Sparkasse Oder-Spree. Muss Doris diese in Deutschland versteuern?

Würde Doris der normalen beschränkten Steuerpflicht nach § 1 Abs. 4 EStG unterliegen, bräuchte sie die Zinsen nicht zu versteuern, weil ohne dingliche Sicherung keine inländischen Einkünfte nach § 49 Abs. 1 Nr. 5 lit. c) sublit. aa) EStG vorliegen.

Gem. § 2 Abs. 1 AStG unterliegt sie aber der erweiterten beschränkten Steuerpflicht, da die Tatbestandsmerkmale dieser Norm erfüllt sind. Insbesondere ist Monaco eine Steueroase i.S.v. § 2 Abs. 2 AStG und wesentliche wirtschaftliche Interessen in Deutschland existieren wegen § 2 Abs. 3 Nr. 2 AStG auch. Doris muss also in den nächsten zehn Jahren alle Einkünfte, die nicht ausländische nach § 34d EStG sind, in Deutschland versteuern. Hierzu gehören auch die Zinsen.

Unabhängig davon, ob der Steuerpflichtige in eine Steueroase zieht, greift die Wegzugsbesteuerung des § 6 AStG. Die Norm soll allein die Besteuerung der stillen Reserven, die in einer Beteiligung an einer KapGes stecken, sicherstellen.

Wenn ein unbeschränkt Steuerpflichtiger eine Beteiligung i.S.v. § 17 EStG veräußern würde, müsste er den Gewinn (ermäßigt nach den § 17 i.V.m. § 3 Nr. 40 lit. c) EStG) versteuern. Um nun zu verhindern, dass der Steuerpflichtige vor der Beteiligungsveräußerung ins Ausland verzieht und Deutschland dann (wegen Art. 13 Abs. 5 DBA) das Besteuerungsrecht verlieren könnte, erfolgt eine Entstrickungsbesteuerung; d.h. mit Ausscheiden aus der deutschen Steuerpflicht werden die stillen Reserven besteuert.

Fall 77
Die Wegzugsbesteuerung

Doris zieht von Deutschland nach Österreich. Ihr Erspartes hatte sie in Anteile der D GmbH und der D AG investiert. Die Beteiligungshöhe beträgt bei der D GmbH 10 % und bei der D AG 0,8 %. Beide Beteiligungen hält sie im Privatvermögen. Welche Auswirkungen hat § 6 AStG auf den Wegzug?

Die deutsche Finanzverwaltung bekommt Panik. Während ihrer unbeschränkten Steuerpflicht wäre die Veräußerung der Beteiligung an der D GmbH ein Fall von § 17 EStG und die Veräußerung der Beteiligung an der D AG würde über § 20 Abs. 2 Nr. 1 EStG erfasst werden.

Nun zieht sie aber weg und Deutschland könnte eine spätere Veräußerung der Anteile an der GmbH nur im Rahmen der beschränkten Steuerpflicht gem. § 1 Abs. 4 i.V.m. § 17 und § 49 Abs. 1 Nr. 2 lit. e) sublit. aa) EStG besteuern. Allerdings haben Sie gelernt, dass bei der Veräußerung von Anteilen an KapGes gem. Art. 13 Abs. 5 DBA D/A allein der (neue) Ansässigkeitsstaat besteuern darf; und das ist nun Österreich. Deutschland würde also leer ausgehen.

Dies will sich der Gesetzgeber nicht gefallen lassen, weil sich die stillen Reserven während ihrer unbeschränkten Steuerpflicht in Deutschland gebildet haben. Daher werden die stillen Reserven bei Austritt aus der unbeschränkten Steuerpflicht über § 6 AStG besteuert. Dies wird auch Wegzugsbesteuerung genannt. Und damit Doris nicht auf dumme Gedanken kommt, werden in § 6 Abs. 1 S. 2 AStG weitere Beispiele (nicht abschließend) genannt, bei denen der Fiskus ebenfalls zuschlagen würde.

Aber zurück zu unserem Fall 77.

Abkommensrechtlich hat Österreich das Besteuerungsrecht bei Veräußerung der Anteile. Für die Beteiligung, die die Anforderungen des § 17 EStG erfüllt (nur D GmbH, D AG-Beteiligung ist < 1%), besteuert Deutschland grundsätzlich bei Wegzug. Allerdings hat der EuGH dies als europarechtswidrig angesehen. Dass Deutschland die stillen Reserven besteuern will, die sich während der Zeit in Deutschland gebildet haben, findet der EuGH schon nachvollziehbar. Aber durch die Besteuerung bereits bei Wegzug und nicht erst bei Veräußerung der Anteile, wird Doris temporär gegenüber einem Steuerinländer diskriminiert. Daher enthält § 6 Abs. 5 AStG für EWR-Bürger eine zinslose Stundung der Steuer bis zur Veräußerung der Anteile.

Doris hat aber noch ein weiteres Problem vor Augen. Wenn Deutschland die stillen Reserven besteuert und Österreich später bei der tatsächlichen Veräußerung der Anteile den vollen Veräußerungsgewinn nach Art. 13 Abs. 5 DBA D/A besteuert, werden die stillen Reserven in beiden Staaten der Besteuerung unterworfen. Das wäre nicht fein.

Daher enthält Art. 13 Abs. 6 DBA D/A eine entsprechende Klausel. Hat der Wegzugsstaat die stillen Reserven besteuert, darf der neue Ansässigkeitsstaat bei Veräußerung diese nicht nochmals besteuern. Daher enthalten viele DBA, die Deutschland abgeschlossen hat, eine vergleichbare Regelung. Und wenn nicht? Dann hat Doris Pech gehabt und kann nur auf ein Verständigungsverfahren hoffen.

2 Wirtschaftsgüter verlassen den Hoheitsbereich

Zu einer Entstrickung kann es aber auch kommen, wenn nicht der Steuerpflichtige selbst, sondern sein Wirtschaftsgut den steuerlichen Hoheitsbereich Deutschlands verlässt. Für diese Entstrickungsfälle hat der Gesetzgeber § 4 Abs. 1 S. 3 und 4 EStG sowie korrespondierend § 12 KStG geschaffen.

▌ Fall 78
Überführung in eine ausländische Betriebsstätte

Die D AG produziert in Berlin sowie in ihrer Betriebsstätte in Krakau (Polen) Gartenzwerge. Für den Transport der Fertigerzeugnisse zu den Abnehmern hat sie einen eigenen Fuhrpark. Eines der Transportfahrzeuge (Buchwert 50.000 €, Gemeiner Wert 55.000 €, Teilwert 60.000 €) wird von Berlin in die Betriebsstätte nach Krakau verbracht, um dort als Auslieferungsfahrzeug genutzt zu werden. Aus Praktikabilitätsgründen wird der LKW auch noch mit einer Charge Gartenzwerge beladen, die von der Betriebsstätte an polnische Baumärkte ausgeliefert werden sollen (Buchwert 10.000 €, Gemeiner Wert 12.000 €, Teilwert 12.000 €). Welche steuerlichen Konsequenzen ergeben sich in Deutschland?

Wir gehen zur Lösung des Falls aus didaktischen Gründen zunächst von einer Fiktion, nämlich dem Verkauf des LKW (für 55.000 €) und der Gartenzwerge (für 12.000 €) durch die Betriebsstätte aus. In diesem Fall würde Polen die D AG mit ihren Betriebsstätteneinkünften als beschränkt steuerpflichtig behandeln und für sich gem. Art. 7 Abs. 1 S. 2 (Gartenzwerge) bzw. Art. 13 Abs. 3 (LKW) DBA D/PL das Besteuerungsrecht beanspruchen, während Deutschland als Ansässigkeitsstaat die Gewinne, trotz der unbeschränkten Steuerpflicht, gem. Art. 24 Abs. 1 lit. a) DBA D/PL unter Progressionsvorbehalt freistellen müsste.

Dies würde aber den deutschen Fiskus belasten, weil die stillen Reserven nicht in der polnischen Betriebsstätte, sondern im deutschen Stammhaus entstanden sind. Um den Steueranspruch zu sichern, hat der Gesetzgeber (meines Erachtens ohne Not) § 12 KStG geschaffen. § 12 Abs. 1 S. 1 fingiert für die Wirtschaftsgüter mit dem Verlassen des Hoheitsbereichs eine Veräußerung zum gemeinen Wert.

Würden allerdings beide Vertragsstaaten das DBA richtig anwenden, bestünde eigentlich keine Notwendigkeit für eine Entstrickungsbesteuerung. Art. 7 Abs. 1 S. 2 DBA D/PL sagt explizit, dass Polen die Gewinne nur insoweit besteuern darf, als sie dieser Betriebsstätte zugerechnet werden können. Obwohl Art. 13 Abs. 3 DBA D/PL im Gegensatz zu Art. 7 Abs. 1 S. 2 DBA D/PL keinen solchen Hinweis enthält, ist die Regelung nach der BFH-Auffassung genauso auszulegen. Und da die stillen Reserven bereits vor der Überführung in die Betriebsstätte entstanden sind, kann von einem Betriebsstättengewinn keine Rede sein. Deutschland besteuert also durch § 12 KStG nur den Gewinn, der ihm auch abkommensrechtlich zustehen würde, nur halt zu früh! Und Polen bekommt in Fall 78 nichts vom Kuchen ab.

Die Gartenzwerge sind Umlaufvermögen. Bei Umlaufvermögen kann (hoffentlich) unterstellt werden, dass der Zeitraum zwischen Entstrickung und Veräußerung sehr gering sein wird. Daher ist die vorzeitige Besteuerung vertretbar. Anders sieht es beim Anlagevermögen (LKW) aus. Anlagevermögen soll dauerhaft im Unternehmen bleiben und gerade nicht schnell veräußert werden. Somit würde hier die Entstrickungsbesteuerung häufig zu einem Liquiditätsnachteil für den Steuerpflichtigen führen. Daher hat der Gesetzgeber für Anlagevermögen in EU-Betriebsstätten in § 4g EStG eine Art Stundungsregel durch Bildung eines Ausgleichspostens geschaffen, die auf Antrag sowohl für ESt-Fälle (§ 4 Abs. 1 S. 3 EStG) als auch für KSt-Fälle (§ 12 KStG) angewendet werden kann.

Bitte lesen Sie jetzt bewusst noch einmal § 4 Abs. 1 S. 3 und S. 4 EStG. Sie sehen, dass die Überführung eines Wirtschaftsgutes nur ein Beispiel („insbesondere") für die Entstrickungsbesteuerung ist. Häufig ist den Steuerpflichtigen gar nicht bewusst, was sie anrichten oder wie sie ohne Verschulden in die Entstrickungsbesteuerung geraten. Daher ein sehr praxisrelevantes und zugleich bizarres Beispiel.

Fall 79
Entstrickung durch DBA-Abschluss

Die D AG produziert in Berlin sowie in ihrer Betriebsstätte in Bengasi (Libyen) Gartenzwerge. Die Betriebsstätte befindet sich auf einem großen Grundstück, das die D AG vor langer Zeit sehr günstig erworben hat. Der heutige Gemeine Wert ist erheblich höher als die Anschaffungskosten. Was würde mit den stillen Reserven passieren, wenn Deutschland und Libyen irgendwann ein DBA abschließen würden?

Solange kein DBA besteht, würde Deutschland aufgrund der unbeschränkten Steuerpflicht der D AG (Welteinkommensprinzip) auch den Veräußerungsgewinn besteuern, falls das Grundstück irgendwann einmal verkauft werden sollte. Wird aber ein DBA abgeschlossen, würde der dortige Art. 13 Abs. 1 vermutlich dem Belegenheitsstaat Libyen das Besteuerungsrecht für den Veräußerungsgewinn zuweisen und der Ansässigkeitsstaat Deutschland müsste freistellen. Das bedeutet, mit Abschluss des DBA verlöre Deutschland das Besteuerungsrecht. Und dann greift § 12 KStG. Dumm gelaufen. Gelegentlich, so etwa im DBA mit Liechtenstein, wurde im Protokoll zum DBA für diesen Fall extra eine Stundungsklausel vereinbart.

3 Betriebliche Funktionen werden verlagert

Nicht nur Wirtschaftsgüter, sondern auch ganze betriebliche Funktionen (Geschäftstätigkeiten) können ins Ausland verlagert und so die Gewinnerwartungen daraus der deutschen Besteuerung entzogen werden. Würden solche Funktionen an fremde Dritte verkauft, würde sich der Unternehmer die Überlassung der künftigen Gewinnchancen entsprechend bezahlen lassen und müsste diesen Gewinn versteuern. Werden die Funktionen an nahe stehende Personen (z.B. Tochter-KapGes) übertragen, muss gem. § 1 AStG eine vergleichbare (fiktive) Gewinnbesteuerung erfolgen. Hier werden also nicht die stillen Reserven bilanzierter Wirtschaftsgüter, sondern Erfolgspotenziale, die nicht bilanziert wurden, bei der Verlagerung von betrieblichen Funktionen besteuert.

Rechtsgrundlagen sind § 1 Abs. 3 AStG und die Funktionsverlagerungsverordnung (FVerlV) vom 12.8.2008 (BStBl. I 2009, S. 34). Sie ist in der Materialsammlung (s. Prolog) vorhanden. Wenn Sie § 1 Abs. 3 AStG aufschlagen, werden Sie sich schnell mit Grausen abwenden. Das geht aber tausenden deutschen Steuerberatern nicht anders. Versuchen wir also einen Einstieg.

Eine Funktionsverlagerung liegt vor, wenn gleichartige betriebliche Aufgaben einschließlich Chancen, Risiken, Wirtschaftsgüter und sonstige Vorteile von einem Unternehmen auf ein anderes Unternehmen übertragen oder zeitweise überlassen werden und es deshalb zu einer Einschränkung der Ausübung der Funktion beim abgebenden Unternehmen kommt.

In diesem Fall wird das sog. Transferpaket (also das Gesamtpaket, das ins Ausland übertragen wurde) besteuert. Dies sind ökonomisch betrachtet die kapitalisierten Gewinnchancen, die mit der Übertragung ins Ausland aufgegeben werden. Es ist also eine ertragswertorientierte Gesamtbewertung erforderlich.

Das Transferpaket hat für das abgebende Unternehmen i.d.R. einen geringeren Wert als für das übernehmende Unternehmen. Sonst würde es nicht zu der Transaktion kommen. Daher ist für die Wertbestimmung des Transferpakets ein Einigungsbereich zu bestimmen. Dabei stellt der Wegfall des Gewinnpotenzials beim abgebenden Unternehmen den unteren Rahmen und das entstandene Gewinnpotenzial beim aufnehmenden

Unternehmen den oberen Rahmen dar. Anschließend ist ein Mittelwert zwischen der theoretischen Mindestkaufpreisforderung des verlagernden Unternehmens und der theoretischen maximalen Zahlungsbereitschaft des übernehmenden Unternehmens zu bilden. Nicht verstanden? Dann schauen wir uns Fall 80 an.

Fall 80

Die Funktionsverlagerung

Die D GmbH verlagert die Produktion ihrer Gartenzwerge vollständig auf ihre polnische Tochtergesellschaft (PL Sp. z o.o.). In Deutschland wird nicht weiter produziert. Die zu erwartenden Gewinnpotentiale würden sich, wenn man in Deutschland weiter produziert hätte, auf 500.000 € p.a. belaufen. Die PL Sp. z o. o. kann – trotz unverändertem Umsatz – aufgrund von niedrigeren Löhnen, niedrigeren Steuern und weiteren Synergieeffekten mit einem Gewinnpotential i.H.v. 800.000 € p.a. rechnen. Der funktions- und risikoadäquate Kapitalisierungszinssatz beträgt in Deutschland 5 % und in Polen 4 %.

Mit der Übertragung der Produktionstätigkeit geht eine komplette betriebliche Funktion über. Dies soll durch § 1 Abs. 1 S. 9 ff. AStG erfasst werden. Voraussetzungen für die Funktionsverlagerung sind:

▶ Wirtschaftsgüter und sonstige Vorteile sowie die damit verbundenen Chancen und Risiken werden an ein Unternehmen übertragen oder überlassen;

▶ Das übernehmende Unternehmen kann in Folge der Verlagerung eine Funktion des übertragenden Unternehmens ausüben;

▶ Die Ausübung der betroffenen Funktion durch das verlagernde Unternehmen wird eingeschränkt;

▶ Es liegt kein Fall der § 1 Abs. 6 und 7 FVerlV vor.

Diese Voraussetzungen sind hier erfüllt: Es werden nicht nur Wirtschaftsgüter, sondern auch die mit der Produktion verbundenen Chancen und Risiken an die polnische Einheit überlassen. Die polnische Tochter übernimmt die bislang von der deutschen Einheit wahrgenommene Funktion.

Die deutsche Einheit stellt diese Tätigkeit ein. Es liegt weder ein Fall einer Funktionsverdoppelung vor, noch handelt es sich um ein rein schuldrechtliches Geschäft unter Beibehaltung der Geschäftschancen bei der übertragenden Einheit.

In der Rechtsfolge ist der Verrechnungspreis der Besteuerung zu unterwerfen. Bei der Bewertung ist auf das Transferpaket als Ganzes und nicht auf seine einzelnen Bestandteile abzustellen. Der Einigungsbereich wird unter Beachtung von funktions- und risikoadäquaten Kapitalisierungszinssätzen festgelegt. Dieser Preis (Gewinnpotential) ist der zu erwartende und auf den Zeitpunkt der Funktionsverlagerung abgezinste Reingewinn nach Steuern, den ein ordentlicher Geschäftsleiter verlangen würde bzw. bereit wäre zu zahlen. Hieraus folgt die Notwendigkeit der Ermittlung eines sog. Einigungsbereichs.

Preisuntergrenze aus deutscher Sicht: Die fiktive Verkäuferin (die D GmbH) würde als Preis mindestens so viel verlangen, wie sie bei weiterer Produktion in Deutschland verdienen würde. Das sind 500.000 € p.a. und zwar, sofern etwas anderes nicht glaubhaft gemacht werden kann, auf ewig. Mathematisch ist also der Barwert einer unendlichen Cashflow-Reihe entsprechend der Rentenbarwertformel (RBW = CF/i) zu ermitteln. Er beträgt in diesem Fall (500.000 / 0,05 =) 10 Mio. €. Die D GmbH würde also bei einem fiktiven Verkauf mindestens einen Preis i.H.v. 10 Mio. € erwarten.

Preisobergrenze aus polnischer Sicht: Analog ist der Preis zu ermitteln, den ein polnischer fiktiver Käufer maximal zahlen würde. Das sind die von ihm erwarteten diskontierten Cashflows, also (800.000 / 0,04 =) 20 Mio. €.

Der maßgebliche Verrechnungspreis ist der Wert innerhalb des Einigungsbereichs (20 Mio. € ./. 10 Mio. €), der dem Fremdvergleichspreis am wahrscheinlichsten entspricht (§ 1 Abs. 3 S. 7 AStG). Im Zweifel ist dies der Mittelwert, also 15 Mio. €. Auf diese 15 Mio. € muss die D GmbH Steuern zahlen, wenn sie die Funktion nach Polen verlagert.

Weiter mit Fall 80

Zeigt sich im Nachhinein, innerhalb von zehn Jahren, dass dieser Wert zu niedrig angesetzt wurde, gilt eine Preisanpassungsklausel als vereinbart

(§ 1 Abs. 3 S. 12 AStG). Es erfolgt ein einmaliger „Nachschlag" im Folgejahr der erheblichen Abweichung. Was eine „erhebliche Abweichung" ist, ist allerdings unbestimmt.

4 Umwandlung von Unternehmen

Umwandlungen gehören bereits nach nationalem Recht zu den schwierigsten Bereichen des Steuerrechts. International sind sie noch viel schlimmer …

Daher wäre es unpassend, diese in einem Einführungsbuch zu behandeln und Sie, gerade da Sie Licht am Ende des Tunnels sehen, dem Risiko auszusetzen, doch noch frustriert zu werden. Daher soll die Umwandlungsbesteuerung bei internationalen Sachverhalten nicht behandelt werden. Aber ganz ohne Hilfe sollen Sie auf diesem Gebiet doch nicht bleiben. Falls Sie sich also später mit Umwandlungen bzw. Umstrukturierungen befassen werden, denken Sie an den folgenden Leitsatz.

Leitsatz 16

Steuerliche Grundsätze bei internationalen Umstrukturierungen

- Wenn der deutsche Fiskus vor der Umwandlung **nicht an die stillen Reserven** kam, wird ihn die Umwandlung wenig interessieren und die Buchwerte können **fortgeführt** werden.
- Wenn der deutsche Fiskus vor der Umwandlung **an die stillen Reserven** kam und dies nach der Umwandlung so bleibt, wird ihn die Umwandlung ebenfalls wenig interessieren und die Buchwerte können **fortgeführt** werden.
- Wenn der deutsche Fiskus vor der Umwandlung an die stillen Reserven kam und nach der Umwandlung nicht mehr, wird ihn die Umwandlung wenig begeistern und er wird bei der Umwandlung die **stillen Reserven besteuern**.

Lektion 15: Treaty-Overrides

Sie haben in den bisherigen vierzehn Lektionen gelernt, wie das Zusammenspiel zwischen nationalem Steuerrecht und Abkommensrecht wirkt. Allerdings funktioniert es manchmal so, dass der deutsche Gesetzgeber mit dem Ergebnis nicht zufrieden ist. In solchen Fällen ist es denkbar, dass er die Schrankenwirkung des Abkommensrechts ignoriert, also durch nationale Spezialnormen außer Kraft setzt, quasi überschreibt. Daher nennt man eine solche Norm einen Treaty-Override. § 50d EStG enthält mehrere solcher Überschreibungen von Abkommensrecht. Lektion 15 soll sie Ihnen etwas näher bringen.

Übersicht 4: Anwendungsbereiche der Treaty-Overrides in § 50d EStG

Treaty Override Norm	Anwendungsbereich
§ 50d Abs. 1 S. 11	▶ Inboundfälle ▶ Vermeidung des **Treaty-Shopping** ▶ Anwendung insbes. bei Schachteldividenden
§ 50d Abs. 3	▶ Inboundfälle ▶ Vermeidung des **Rule-Shopping** und des **Treaty-Shopping** ▶ Anwendung insbes. bei Dividenden, Zinsen, Lizenzen
§ 50d Abs. 8	▶ Outboundfälle ▶ Vermeidung der **Steuerhinterziehung** ▶ Anwendung bei Arbeitnehmern (Expats)
§ 50d Abs. 9 Nr. 1	▶ Outboundfälle ▶ Vermeidung weißer oder grauer Einkünfte durch Herbeiführung von **Qualifikationskonflikten** im DBA ▶ Anwendung insbes. bei Sondervergütungen
§ 50d Abs. 9 Nr. 2	▶ Outboundfälle ▶ Vermeidung weißer oder grauer Einkünfte ▶ Anwendung soweit der Vertragsstaat nicht besteuern **will**

§ 50d Abs. 10	▶ Outboundfälle ▶ „Auslegungshilfe" insbesondere für den BFH ▶ Anwendung insbes. bei **Sondervergütungen**
§ 50d Abs. 11	▶ Outboundfälle ▶ Vermeidung des **Treaty-Shopping** ▶ Anwendung insbes. bei **Schachteldividenden**
§ 50d Abs. 12	▶ In- & Outboundfälle ▶ Vermeidung **weißer Einkünfte** ▶ Anwendung bei **Abfindungen**

Ob ein Treaty Override überhaupt rechtlich zulässig ist, wird sehr kontrovers diskutiert. Der BFH hatte in mehreren Beschlüssen zu den §§ 50d Abs. 8, 9 und 10 EStG ernsthafte Zweifel an der Verfassungskonformität formuliert, die Finanzverwaltung hat diese nicht. Das BVerfG hatte am 15.12.2015 (2 BvL 1/12) entschieden, dass sich DBA und nationale Gesetze grundsätzlich gleichrangig gegenüberstehen, weshalb im konkreten Fall § 50d Abs. 8 EStG als jüngere Vorschrift nach der sog. lex posterior Regel dem DBA vorgeht. Ob man diese Entscheidung aber auf die §§ 50d Abs. 1 S. 11, Abs. 9, Abs. 10 und Abs. 11 EStG übertragen kann, bleibt abzuwarten (offene Verfahren 2 BvL 21/14 und 2 BvL 15/14). Warum der Gesetzgeber überhaupt zu dem völkerrechtswidrigen Mittel des Überschreibens eines Abkommens greift, sollen die folgenden Fälle erläutern.

1 Dividenden, Zinsen und Lizenzen

Eine ganz exklusive Norm ist § 50d Abs. 3 EStG, der 2012 aufgrund seiner Europarechtswidrigkeit grundlegend reformiert wurde. Leider ist er dabei so kompliziert geworden, dass die Finanzverwaltung selbst damit ihre Probleme hat. Das BMF hat am 24.01.2012 ein Anwendungsschreiben zu § 50d Abs. 3 EStG mit einem großen Beispielsfall ins Netz gestellt und es über Nacht zurückgezogen. Inzwischen existiert eine korrigierte Fassung, die Sie in der Materialsammlung auf meiner Homepage (s. Prolog) finden. Wir tasten uns ganz langsam an das Thema heran.

Fall 81
Anwendung des § 50d Abs. 3 EStG

Laila aus Libyen und Paula aus Polen sind mit je 5 % an der deutschen D AG beteiligt. Die Beteiligungen werden im Privatvermögen gehalten. Laila und Paula erhalten Dividenden. Wie werden diese in Deutschland besteuert?

Die Lösung ist recht trivial. Beide sind beschränkt steuerpflichtig gem. § 1 Abs. 4 i.V.m. § 20 Abs. 1 Nr. 1 und § 49 Abs. 1 Nr. 5 lit. a) EStG. Wegen § 50 Abs. 2 S. 1 EStG ist mit dem KESt-Abzug i.H.v. 25 % (plus SolZ) die Steuerpflicht abgegolten.

Mit Libyen existiert kein DBA. Damit ist der Fall für Laila abgeschlossen. Paula hingegen fällt unter den Abkommensschutz des DBA D/PL. Daher reduziert sich die maximale QuSt gem. Art. 10 Abs. 2 lit. b) DBA D/PL auf 15 %. Weil aber die volle KESt nebst SolZ einbehalten wurden (Art. 29 DBA D/PL), kann Paula gem. § 50d Abs. 1 EStG die Erstattung von 10 % KESt und des SolZ beantragen.

Weiterentwicklung von Fall 81

Laila hat eine Idee. Sie hat gehört, dass zwischen Libyen und Polen ein DBA bestehen soll, bei dem auf Dividenden keine QuSt erhoben wird und der Empfängerstaat ebenfalls keine Steuer erhebt. Über den Wahrheitsgehalt dieser Aussage schweigen wir; wir unterstellen, dass sie stimmt. Daher gründet sie mit Paula die polnische PL S.A., deren einzige Aufgabe darin besteht, die Anteile an der D AG zu halten. Nun hält die PL S.A. 10 % der Anteile an der D AG. Laila und Paula sind zu je 50 % an der PL S.A. beteiligt.

Die D AG schüttet eine Dividende an die PL S.A. aus und diese leitet sie an Paula und Laila weiter. Wie sieht nun die Besteuerung in Deutschland aus?

Die D AG schüttet zunächst die Dividende an die PL S.A. aus. Diese ist beschränkt steuerpflichtig gem. §§ 2 Nr. 1 und 8 Abs. 1 KStG i.V.m. §§ 20 Abs. 1 Nr. 1 und 49 Abs. 1 Nr. 5 lit. a) EStG. Wegen § 32 Abs. 1 Nr. 2 KStG ist auch hier mit dem KESt-Abzug i.H.v. 25 % (plus SolZ) die Steuerpflicht abgegolten. Auf die ²/₅-Regel verzichtet die

PL S.A. großzügig, weil sie die weitergehende Reduktion durch das DBA D/PL in Anspruch nehmen will. Denn jetzt fällt die PL S.A. unter den Abkommensschutz des DBA D/PL. Daher reduziert sich die maximale QuSt gem. Art. 10 Abs. 2 lit. a) DBA D/PL auf 5% (abkommensrechtliche Schachteldividende). Weil aber die volle KESt nebst SolZ einbehalten wurden, kann die PL S.A. gem. § 50d Abs. 1 EStG die Erstattung von 20% KESt und des SolZ beantragen. Ergänzend kann ein Antrag nach § 43b i.V.m. § 50d Abs. 1 EStG gestellt werden. Ob diese Anträge Aussicht auf Erfolg haben, werden wir prüfen.

Aber vorher noch ergänzend: Polen würde die Schachteldividende nach Art. 22 Abs. 4 des KStG-PL (vergleichbar dem § 8b Abs. 1 KStG) nicht besteuern.

Bei Ausschüttung an Laila würde das DBA Polen/Libyen greifen, bei dem annahmegemäß auf Dividenden keine QuSt erhoben wird und der Empfängerstaat ebenfalls keine Steuer erhebt. Damit wäre Lailas Dividende lediglich mit 5% deutscher QuSt belastet, während im Ausgangsfall allein Deutschland 25% KESt plus SolZ erhoben hat. Das lohnt sich also für sie.

Und jetzt wird es ernst. Der deutsche Gesetzgeber sieht, dass Laila sich über die substanzlose PL S.A. bloß in die Abkommen zwischen Deutschland und Polen sowie Polen und Libyen eingekauft hat (daher der Ausdruck Treaty-Shopping), um deren Vergünstigungen zu erhalten. Das findet er nicht wirklich nett und hat daher § 50d Abs. 3 EStG geschaffen. Im Grunde geht es dem Gesetzgeber bei § 50d Abs. 3 EStG darum, zu prüfen, ob die Gestaltung ökonomisch stichhaltig oder nur künstlich zur Steuerreduktion gewählt wurde.

> Der Gesetzgeber würde der ausländischen KapGes die Reduktion der **QuSt gewähren**, wenn sie glaubhaft machen könnte, dass die **Gestaltung ökonomisch sinnvoll** ist und diese KapGes zudem mit einem für ihren Geschäftszweck angemessen eingerichteten Geschäftsbetrieb am allgemeinen wirtschaftlichen Verkehr teilnimmt (oder ihre Anteile an der Börse gehandelt werden).

Das ist im vorliegenden Fall nicht gegeben. Die PL S.A. hat hinsichtlich der Dividende, die sie zunächst selbst vereinnahmt und dann ausschüttet, keinen Anspruch auf Reduktion der QuSt.

„Stopp!" grölt Paula. „Wenn ich die Dividenden von der D AG selbst erhalten hätte, würde ich ja auch eine Reduktion, zumindest auf 15%, bekommen. Dann ist es doch unsinnig, zu unterstellen, dass ich eine künstliche Gestaltung bastle, durch die ich dann die Reduktion verliere!"

Das stimmt auch wieder. Und deshalb sagt ja § 50d Abs. 3 S. 1 EStG, dass die Reduktion nur „soweit" verwehrt wird, wie Personen an der ausländischen KapGes beteiligt sind, denen die Reduktion nicht zustünde, wenn sie die Einkünfte unmittelbar erzielen würden.

Laila könnte die Reduktion bei Direktbezug nicht beanspruchen, weil zwischen Deutschland und Libyen kein DBA besteht. Paula würde bei Direktbezug eine Reduktion der KESt auf 15% und eine Erstattung des SolZ erhalten, weil sie unter Art. 10 Abs. 2 lit. b) DBA D/PL fallen würde. Wenn also die PL S.A. eine Reduktion der KESt und des SolZ beantragen würde, erhielte sie auf 50% der Dividende (der Anteil, der an Paula geht) eine Reduktion der ESt von 25 auf 15% sowie eine Erstattung des SolZ. Für die anderen 50% der Dividende wird die Reduktion durch 50d Abs. 3 EStG verwehrt.

Falls Sie die Lösung dieses Falls verstanden haben, können Sie sich nun in Ruhe den Beispielsfall des BMF-Schreibens vom 24.01.2012, zur Entlastungsberechtigung ausländischer Gesellschaften (§ 50d Abs. 3 EStG), Tz. 12 ansehen.

> § 50d Abs. 3 EStG gilt nicht nur für die QuSt-Reduktion bei Dividenden, die sich aus einem DBA ergibt, sondern **für alle DBA-Reduktionen** (also auch bei Zinsen und Lizenzgebühren) sowie die **QuSt-Erstattung** aufgrund der §§ 43b und 50g sowie § 50a Abs. 1 EStG. Für § 44a Abs. 9 EStG gilt § 50d Abs. 3 EStG sinngemäß.

Eine Norm, die erst 2012 eingeführt wurde, hat ihre Grundlage in dem BFH-Urteil vom 19.05.2010 (I R 62/09), geht aber über dieses weit hinaus.

Fall 82
Anwendungsbereich des § 50d Abs. 11 EStG

Doris ist an einer deutschen GmbH zu 100% direkt und zudem atypisch still beteiligt. Ihre stille Vergütung beträgt 50% des vorläufigen EBT der GmbH. Die GmbH wiederum hält 100% an einer französischen S.a.r.l. (KapGes). Die S.a.r.l. schüttet ihren Gewinn nach Steuern an die GmbH aus. Wie wird die Dividende steuerlich behandelt?

Auf die Dividende erhebt Frankreich keine QuSt, weil Frankreich bei Schachteldividenden innerhalb der EU bereits nach nationalem Steuerrecht darauf verzichtet (entspricht § 43b EStG).

Die GmbH ist in Deutschland ansässig und fällt daher unter den Schutz des DBA D/F. Die Dividende an die GmbH ist abkommensrechtlich eine Schachteldividende und daher gem. Art. 20 Abs. 3 DBA D/F von Deutschland beim Zahlungsempfänger freizustellen. Und nach Ansicht des BFH gilt dies auch für den Teil der Dividende, der direkt an den stillen Gesellschafter fließt!

Damit ergibt sich ein merkwürdiges Zwischenergebnis. Eigentlich liegen abkommensrechtlich begünstigte Schachteldividenden nur vor, wenn der Empfänger eine wesentlich beteiligte KapGes ist. Hier ist die GmbH zwar formal die Empfängerin der Dividende (der Zahlungsempfänger); tatsächlich fließen aber 50% unmittelbar an eine natürliche Person, nämlich Doris (die Nutzungsberechtigte). Damit erhält also eine natürliche Person die Dividende steuerfrei. Das findet der Gesetzgeber nicht witzig. Daher hat er 2012 § 50d Abs. 11 EStG geschaffen, der dafür sorgt, dass die Freistellung für Doris nicht gewährt wird. Bei ihrer Dividende erfolgt also ein Switch-Over zur Anrechnungsmethode (SOC). Da Frankreich keine QuSt erhoben hat, genehmigt sich Deutschland durch diesen Treaty-Override das vollumfängliche Besteuerungsrecht für ihren Dividendenanteil.

> § 50d Abs. 11 EStG soll im Outboundfall sicherstellen, dass nur wesentlich beteiligte KapGes in den Genuss der Freistellung aufgrund des abkommensrechtlichen **Schachtelprivilegs** kommen, denen die Dividende nicht nur formal (als **Zahlungsempfänger**), sondern auch tatsächlich (als **Nutzungsberechtigte**) zugerechnet wird.

Man kann den Fall aber auch umdrehen (Inboundfall). Hierfür hat der Gesetzgeber 2013 mit § 50d Abs. 1 S. 11 EStG eine spiegelbildliche Norm geschaffen, deren Rechtswirkung nicht unumstritten ist.

> § 50d Abs. 1 S. 11 EStG würde im **Inboundfall** nach materiellrechtlicher Lesart sicherstellen, dass nur wesentlich beteiligte KapGes in den Genuss der QuSt-Reduktion aufgrund des abkommensrechtlichen **Schachtelprivilegs** kommen, denen die Dividende nicht nur formal (**Zahlungsempfänger**), sondern auch tatsächlich (**Nutzungsberechtigter**) zugerechnet wird.

2 Sondervergütungen

Jetzt wird es ernst. Den Sinn des Zusammenspiels aus Abkommensrecht mit § 50d Abs. 9 Nr. 1 und Abs. 10 EStG können Sie sich nur erschließen, wenn Sie vorab akzeptieren, dass sich „echte Männer" zunächst eine Meinung bilden und von dieser dann nie mehr abrücken! Man muss sich durch die Ausführungen dieses Abschnitts wirklich kämpfen; es lohnt sich aber.

Sondervergütungen sind eine Spezialität des deutschen (und österreichischen) Steuerrechts. Gewährt etwa ein Mitunternehmer seiner PersGes ein Darlehen gegen Zinsen, erhält er für seine Arbeitsleistung Lohn oder vermietet er der PersGes eine Immo, werden seine Einkünfte gem. § 15 Abs. 1 S. 1 Nr. 2 S. 1 HS. 2 EStG in EaGB umqualifiziert. Hintergrund dieses Mitunternehmerkonzepts ist die Erfassung der Sondervergütungen für die GewSt. In den meisten zivilisierten Staaten gibt es aber keine GewSt. Und daher erfolgt auch keine Umqualifizierung (Ausnahme: Österreich). D.h., ein polnischer, amerikanischer, französischer (oder was weiß ich) Gesellschafter, der seiner PersGes ein Darlehen gewährt, erzielt nach deren Verständnis durch die Zinsen Kapitaleinkünfte.

Fall 83
Anwendung des § 50d Abs. 10 auf Sondervergütungen

Pawel ist an einer deutschen OHG beteiligt. Er gewährt der OHG ein Darlehen und erhält dafür angemessene Zinsen. Wie werden diese Zinsen steuerlich behandelt?

In Deutschland ist er beschränkt steuerpflichtig mit seinen Zinsen gem. § 1 Abs. 4 i.V.m. **§ 15 Abs. 1 S. 1 Nr. 2 S. 1 HS. 2 EStG** und § 49 Abs. 1 Nr. 2 lit. a) EStG. Bei der Veranlagung seiner gewerblichen Einkünfte werden auch die Zinsen berücksichtigt. Deutschland erhebt auch den SolZ und die GewSt, die dann aber wieder über § 35 EStG weitgehend anrechenbar ist. Das ist noch simpel.

Polen würde die Zinsen jedoch als EaKV behandeln und im Rahmen der unbeschränkten Steuerpflicht besteuern. Auch das ist nachvollziehbar.

Abkommensrechtlich wird es jetzt aber ernst. Aus didaktischen Gründen fangen wir mit einer falschen Prüfungsreihenfolge an. Was würde Polen machen?

Polen würde Art. 11 DBA D/PL anwenden. Demnach dürfte Deutschland nur 5% QuSt erheben (Art. 11 Abs. 2 DBA D/PL) und Polen würde diese gem. Art. 24 Abs. 2 lit. b) DBA D/PL anrechnen. Auch das ist verständlich.

Der BFH sieht das eigentlich auch so. Er würde Zinsen als Zinsen behandeln weil Zinsen Zinsen sind, genau wie das in der Überschrift von Art. 11 steht (**abkommensautonome Auslegung**). Ließe man ihn, würde auch er Deutschland lediglich ein Quellenbesteuerungsrecht i.H.v. 5% zuweisen (Art. 11 Abs. 2 DBA D/PL).

Das sieht die Finanzverwaltung aber ganz anders. Und jetzt geht es los. Für die Finanzverwaltung ist der Begriff **Unternehmensgewinne** in der Überschrift von Art. 7 DBA D/PL unbestimmt. Daher legt sie den Begriff nach ihrem Verständnis aus und beruft sich dabei auf Art. 3 Abs. 2 DBA D/PL. Nach ihrem Verständnis sind **alle** (!!!) Einkünfte, die unter § 15 Abs. 1 und 2 EStG fallen, also alle **originär gewerblichen Einkünfte**, auch **Unternehmensgewinne** i.S.v. Art. 7 DBA D/PL (vgl. BMF-Schreiben zur DBA-Anwendung auf PersGes, Tz. 2.2.1 und insbes. Tz. 5.1.1). Und da Sondervergütungen unstreitig EaGB sind, ist für die Finanzverwaltung selbstverständlich Art. 7 DBA D/PL anzuwenden.

Der BFH hat dies lässig gesehen. Natürlich hält er diese Ansicht für falsch und hat in seiner Rechtsprechung darauf verwiesen, dass man selbst bei einem Einstieg in Art. 7 über Art. 7 Abs. 7 DBA D/PL (**Spezialitätsprinzip**) wieder zur spezielleren Norm, nämlich Art. 11 DBA D/PL gelangen würde.

Damit wäre das Problem – wie oben beschrieben – im Einklang mit der polnischen Sichtweise gelöst.

Das geht aber aus Sicht der Finanzverwaltung gar nicht. Daher hat der Gesetzgeber, praktisch als „Auslegungshilfe" für BFH-Richter und andere DBA-Anwender, in § 50d Abs. 10 S. 1 EStG geschrieben, dass bei Sondervergütungen immer und **ausschließlich Art. 7 DBA D/PL** anzuwenden ist.

Jetzt muss der BFH also bei Sondervergütungen ebenfalls Art. 7 DBA D/PL anwenden und darf auch nicht über Art. 7 Abs. 7 DBA D/PL daraus fliehen. Das erzürnt ihn. Deshalb schaut er sich § 50d Abs. 10 S. 1 EStG genauer an. Dort stand bis 2013 zwar geschrieben, dass ausschließlich Art. 7 DBA D/PL auf unseren Fall anzuwenden ist. Es stand aber nicht geschrieben, **wie** er angewendet werden muss.

Art. 7 Abs. 1 S. 1 DBA D/PL sagt sinngemäß, dass das Besteuerungsrecht beim Ansässigkeitsstaat (hier: Polen) liegt, außer die Einkünfte sind einer deutschen Betriebsstätte (bzw. PersGes) zuzurechnen. Hier hat aber Pawel das Darlehen gegeben, also die Darlehensforderung, und die PersGes hat die Verbindlichkeit. Somit sind die Einkünfte **nicht der deutschen Betriebsstätte zurechenbar, sondern Pawel** (das müssen Sie verstehen!) und Polen behält das Besteuerungsrecht. Und zwar jetzt ohne QuSt!

Diese Ansicht findet die Finanzverwaltung lächerlich. Ihres Erachtens ist mit § 50d Abs. 10 S. 1 EStG **ganz klar** gemeint, dass der **Betriebsstättenstaat** das **Besteuerungsrecht** für die Sondervergütungen hat. Allerdings hat der BFH die Finanzverwaltung in drei Verfahren zu § 50d Abs. 10 EStG auflaufen lassen. Daher wurde 2013 § 50d Abs. 10 EStG ganz erheblich geändert und erweitert. Nunmehr wird durch dessen Satz 3 klargestellt, dass die Sondervergütungen der Betriebsstätte zuzuordnen sind, die auch den Aufwand getragen hat.

Nun aber zurück zu unserem **Fall**. Die deutsche Finanzverwaltung wird die Zinsen mit Verweis auf Art. 7 Abs. 1 DBA D/PL und § 50d Abs. 10 S. 1 und 3 EStG **voll besteuern**. Polen macht wegen Art. 11 Abs. 1 i.V.m. Art. 24 Abs. 2 lit. b) DBA D/PL das gleiche und würde lediglich 5 % der deutschen Steuer anrechnen, weil aus polnischer Sicht nur diese QuSt zulässig ist. Ein Verständigungsverfahren nach Art. 26 DBA D/PL wäre in dieser Situation sinnlos. Daher hat der Gesetzgeber in § 50d Abs. 10 S. 5 EStG etwas völlig merkwürdiges formuliert: Um die Doppelbesteuerung zu vermeiden, rechnet Deutschland (sic) die polnische Steuer auf die deutsche Steuer an. Das ist zwar völlig systemwidrig, aber nett.

> § 50d Abs. 10 S. 1 EStG ist nach Ansicht der Finanzverwaltung lediglich eine **Hilfe** für die korrekte Auslegung eines DBA. Nach Ansicht des BFH liegt hingegen ein **Treaty-Override** vor.

Man kann den Spaß auf Kosten der Steuerpflichtigen und ihrer Berater aber noch weiter treiben, indem der Fall schlicht umgedreht wird.

Fall 84
§ 50d Abs. 9 Nr. 1 und 10 EStG bei Sondervergütungen

Doris ist an einer polnischen sp.j. (OHG) beteiligt. Sie gewährt der sp.j. ein Darlehen und erhält dafür angemessene Zinsen. Wie werden diese Zinsen steuerlich behandelt?

Aus polnischer Sicht ist sie beschränkt steuerpflichtig und erzielt Kapitaleinkünfte. Hierfür hat Polen wegen Art. 11 Abs. 2 DBA D/PL nur ein Quellenbesteuerungsrecht i.H.v. 5%, weil Doris unter den Abkommensschutz fällt.

Aus deutscher Sicht ist sie unbeschränkt steuerpflichtig und erzielt mit ihren Sondervergütungen EaGB. Die deutsche Finanzverwaltung wendet wegen § 50d Abs. 10 S. 1 und 3 EStG abkommensrechtlich Art. 7 DBA D/PL an, ordnet die Zinsen der (polnischen) Betriebsstätte zu und stellt sie gem. Art. 24 Abs. 1 lit. a) DBA D/PL in Deutschland unter Progressionsvorbehalt frei.

Das findet Doris super; Polen will nur 5% und Deutschland nichts! Sie erzielt also graue Einkünfte. Graue Einkünfte sind solche, die einer Minderbesteuerung unterliegen.

Die deutsche Finanzverwaltung findet das nicht fair. Bloß weil die polnische Finanzverwaltung das DBA „falsch" anwendet (nämlich so, wie der BFH es auch gern tun würde), kommt Doris mit 5% davon. Daher hat der Gesetzgeber einen Treaty-Override in § 50d Abs. 9 S. 1 Nr. 1 EStG geschaffen. Sinngemäß sagt er:

> Wenn die **ausländische Finanzverwaltung** nach Ansicht der deutschen Finanzverwaltung ein DBA **falsch anwendet** und deshalb bei einem unbeschränkt Steuerpflichtigen weiße oder graue Einkünfte entstehen, setzt sich Deutschland über das Abkommen hinweg und besteuert durch § 50d Abs. 9 Nr. 1 EStG!

Zieht man die Ergebnisse aus den Fällen 83 und 84 zusammen, ergibt sich ein beeindruckendes Gesamtbild. Egal ob im Inbound- oder im Outboundfall, wird die deutsche Finanzverwaltung die Sondervergütungen immer besteuern wollen.

Immer? Nicht immer ...

Was würde sich an den Fällen 83 und 84 ändern, wenn sie sich nicht zwischen Deutschland und Polen, sondern zwischen Deutschland und Österreich abspielen würden?

Dann wäre alles super. Österreich hat das deutsche Mitunternehmerkonzept übernommen, sieht also Sondervergütungen als gewerbliche Einkünfte an. Deshalb wurde in Art. 7 Abs. 7 DBA D/A eine Klausel für Sondervergütungen aufgenommen (bitte lesen!), die klarstellt, dass diese im Betriebsstättenstaat besteuert und im Ansässigkeitsstaat freigestellt werden. § 50d Abs. 10 EStG ist in diesen Situationen ausdrücklich nicht anzuwenden und wird auch nicht benötigt.

Na also, geht doch. Jetzt müssen wir nur noch den Rest der Welt davon überzeugen, dass alle Vertragsstaaten das deutsche Mitunternehmerkonzept übernehmen, und der BFH hat endgültig verloren.

3 Ein Treaty-Override nur für Arbeitnehmer

§ 50d Abs. 8 EStG soll bei vermuteter Steuerhinterziehung im Ausland durch Expats eine Einmalbesteuerung der Einkünfte gewährleisten.

Fall 85
Subject-To-Tax-Clause in § 50d Abs. 8 EStG

Dieter aus Berlin arbeitet vollzeit als Programmierer bei einer polnischen Softwarebude, die Computerspiele entwickelt. Alle Teammitglieder sind sehr engagiert, kreativ, intrinsisch motiviert und auch sonst ganz vorzügliche Menschen. Nur polnische LoSt führt niemand ab. Wie ist der Fall steuerlich zu behandeln?

In Polen ist Dieter beschränkt steuerpflichtig. In Deutschland ist er unbeschränkt steuerpflichtig. Abkommensrechtlich gilt das Arbeitsortprinzip. Gem. Art. 15 Abs. 1 S. 2 DBA D/PL hat Polen ein vollumfängliches Besteuerungsrecht und Deutschland stellt die Einkünfte nach Art. 24 Abs. 1 lit. a) DBA D/PL unter Progressionsvorbehalt frei.

Damit würden weiße Einkünfte, also solche, die in keinem der beiden Vertragsstaaten besteuert werden, entstehen. Das belastet Dieter nicht. Allerdings belastet dies den deutschen Gesetzgeber. Und daher hat er § 50d Abs. 8 EStG geschaffen. Dies ist eine Norm, die man beim ersten Lesen versteht und sogar nachvollziehen kann. Deutschland wird sich, weil der Fiskus eine Steuerhinterziehung im Vertragsstaat vermutet, über die abkommensrechtliche Freistellung hinwegsetzen und selbst besteuern (Treaty Override); dies ist nach dem BVerfG auch verfassungsgemäß.

> Wenn der unbeschränkt steuerpflichtige Arbeitnehmer **nachweist**, dass der Vertragsstaat die Einkünfte **besteuert** oder **bewusst** auf die Besteuerung **verzichtet**, bleiben sie in Deutschland freigestellt. Wenn dieser Nachweis nicht geführt wird, unterstellt der deutsche Fiskus implizit **Steuerhinterziehung** im Ausland und besteuert gem. § 50d Abs. 8 EStG selbst (Herstellung der Einmalbesteuerung oder **Subject-To-Tax-Clause**).

4 Noch eine Subject-To-Tax-Clause

> Die Finanzverwaltung sieht ein DBA nicht nur als Abkommen zur Vermeidung der Doppelbesteuerung, sondern auch als Abkommen zur **Herstellung der Einmalbesteuerung** an. Besteuert der Vertragsstaat inländische Einkünfte eines Steuerausländers nicht, obwohl sie bei unbeschränkt Steuerpflichtigen besteuert würden, **verweigert** § 50d Abs. 9 Nr. 2 EStG die abkommensrechtliche Freistellung.

Fall 86
Subject-To-Tax-Clause in § 50d Abs. 9 Nr. 2 EStG

Dieter ist an einer britischen LP (PersGes) beteiligt, die eine Immobilie vermietet. Er veräußert seinen Anteil nach drei Jahren wieder. Der Vorgang spielt sich unter der Geltung des alten DBA D/UK ab. Wer besteuert?

Großbritannien wendet zwar die Bruchteilsbetrachtung bei der Veräußerung von Anteilen an einer PersGes an, besteuert aber Steuerausländer mit ihrem Veräußerungsgewinn aus Immobilien nur dann, wenn sie gewerblich tätig sind. Dies ist im vorliegenden Fall zu verneinen. Somit ist Dieter mit seinem Veräußerungsgewinn in UK nicht beschränkt steuerpflichtig. Abkommensrechtlich hat Großbritannien zwar das Besteuerungsrecht, übt es aber aufgrund des nationalen Steuerrechts nicht aus.

Deutschland könnte den Veräußerungsgewinn wegen §§ 1 Abs. 1 S. 1 und 22 Nr. 2 i.V.m. 23 Abs. 1 Nr. 1 EStG zwar besteuern, wird aber abkommensrechtlich daran gehindert, weil das DBA D/UK für Veräußerungsgewinne bei unbeweglichem Vermögen die Freistellung im Ansässigkeitsstaat vorsieht.

Damit würden (legale) weiße Einkünfte entstehen. Das belastet die deutsche Finanzverwaltung. Deshalb hat der Gesetzgeber für diese Fälle § 50d Abs. 9 Nr. 2 EStG geschaffen. Wenn sich der andere Staat weigert, den Steuerausländer zu besteuern, obwohl er das bei Steuerinländern tun würde, fällt das Besteuerungsrecht an Deutschland zurück (Subject-To-Tax-Clause).

Im Revisionsabkommen D/UK wurde inzwischen extra eine Klausel aufgenommen, die ähnlich formuliert ist. Damit braucht die Finanzverwaltung § 50d Abs. 9 Nr. 2 EStG für den UK-Fall nicht mehr anzuwenden. Und wenn die Subject-To-Tax-Clause direkt im DBA steht, liegt (anders als bei § 50d Abs. 9 Nr. 2 EStG) auch kein Treaty-Override vor.

IV. Europarecht

Lektion 16: Bedeutung des Europarechts für das Steuerrecht

1 Die Grundfreiheiten

Die Europäische Union ist eine supranationale, d.h. eine überstaatliche Organisation. Hierunter ist zu verstehen, dass sie mehr ist als ein bloßer völkerrechtlicher Vertrag, der wechselseitige Rechte und Pflichten der Vertragsstaaten begründet. Vielmehr haben die Mitgliedsstaaten, früher durch den EG-Vertrag, inzwischen durch den Vertrag von Lissabon (IV. Vertrag über die Arbeitsweise der Europäischen Union, kurz: AEUV) ein institutionelles System geschaffen, an das sie unter Aufgabe eigener Kompetenzen in bestimmten Bereichen Hoheitsrechte übertragen haben. Diese betreffen auch das Steuerrecht. EU-Recht geht nationalem Steuerrecht und Abkommensrecht vor. Denn die EU könnte nicht funktionieren, wenn es den Mitgliedsstaaten möglich wäre, sich über das Unionsrecht hinwegzusetzen und somit die Grundlage der Europäischen Union in Frage zu stellen.

> Das Unionsrecht, das
> - aus dem Vertrag von Lissabon (**Primärrecht**) und
> - aus vom Vertrag abgeleiteten Rechtsakten (**Sekundärrecht**) besteht,
>
> ist **vorrangig** gegenüber nationalem Recht und auch gegenüber Abkommensrecht.

Der Einfluss des Unionsrechts auf das nationale Steuerrecht ist unterschiedlich für die beiden Bereiche der direkten Steuern und der indirekten Steuern. Die indirekten Steuern, wie z.B. die USt, fallen in den Kompetenzbereich der EU (Art. 113 AEUV); hier verfügt sie über einen Harmonisierungsauftrag. Folglich kann sie über Sekundärrechtsakte, die EU-Richtlinien, eine Harmonisierung bewirken bzw. hat sie bereits bewirkt. Zentral ist dabei die Mehrwertsteuersystem-Richtlinie vom 01.01.2007 (Richtlinie 2006/112 EG), die von den EU-Staaten in nationales Recht umgesetzt wurde. Daher ist das Umsatzsteuerrecht in allen EU-Staaten zwar nicht identisch, aber einander sehr ähnlich.

Für die direkten Steuern wurde der EU hingegen kein Harmonisierungsauftrag erteilt. Hier findet die Harmonisierung zum überwiegenden Teil über den Europäischen Gerichtshof (EuGH) statt. Darüber hinaus gibt es für die direkten Steuern einige wenige EU-Richtlinien, von denen die drei wichtigsten in dieser Lektion behandelt werden.

Um den Binnenmarktgedanken zu verwirklichen, wurden im Vertrag von Lissabon fünf Grundfreiheiten verankert, die Hemmnisse für eine grenzüberschreitende wirtschaftliche Integration abbauen und diskriminierungs- und beschränkungsfreie grenzüberschreitende Tätigkeiten ermöglichen sollen. Auch diese haben, als Primärrecht, erhebliche Auswirkungen auf das Steuerrecht der EU-Staaten. Auch dies soll Ihnen Lektion 16 anhand von drei Beispielen verdeutlichen.

Die Grundfreiheiten, auf die sich z.B. der EuGH bezieht, sind in Übersicht 5 dargestellt. Sie betreffen den Waren-, Personen-, Kapital- und Zahlungsverkehr.

Übersicht 5: Die Grundfreiheiten des Vertrags von Lissabon

Warenverkehr	Personenverkehr	Kapital- und Zahlungsverkehr
Warenverkehrsfreiheit	Arbeitnehmerfreizügigkeit Niederlassungsfreiheit Dienstleistungsfreiheit	Kapitalverkehrsfreiheit

Für die direkten Steuern spielen die Freiheiten des Personenverkehrs sowie die Kapitalverkehrsfreiheit eine entscheidende Rolle. Dabei weist die Kapitalverkehrsfreiheit die Besonderheit auf, dass sie nicht nur innerhalb der EU, sondern auch im Verhältnis zu Drittstaaten gilt.

2 Drei interessante EuGH-Verfahren

Sieht ein Steuerpflichtiger durch eine steuerliche Regelung seine Rechte aus einer der Grundfreiheiten verletzt, kann er dagegen klagen. Er darf sich jedoch nicht direkt an den EuGH wenden, sondern muss den **nationalen Rechtsweg** beschreiten. Nur die Finanzgerichte oder der BFH können (bzw. in bestimmten Fällen müssen) den EuGH anrufen. Der EuGH entscheidet dann darüber, ob die strittige nationale Norm eine ungerechtfertigte Ungleichbehandlung von grenzüberschreitenden und rein nationalen Sachverhalten darstellt. Eine Ungleichbehandlung ist nicht per se verboten. Der Eingriff in die Grundfreiheit ist dann zulässig, wenn er berechtigt und verhältnismäßig ist. Kommt der EuGH jedoch zu dem Schluss, dass eine nicht gerechtfertigte Diskriminierung bzw. Beschränkung des grenzüberschreitenden Sachverhalts vorliegt, ist die Norm nicht anwendbar. Auch wenn die Urteile spezielle Sachverhalte eines Mitgliedstaats betreffen, so haben sie doch Indizcharakter für alle übrigen Mitgliedstaaten. Die Rechtsprechung des EuGH hat in den vergangenen Jahren das deutsche Steuerrecht maßgeblich geprägt. Drei interessante Verfahren, die die Niederlassungsfreiheit, die Arbeitnehmerfreizügigkeit sowie die Kapitalverkehrsfreiheit betreffen, sollen daher beispielhaft skizziert werden.

▰ Fall 87
Niederlassungsfreiheit

Die D GmbH aus Berlin produziert Gartenzwerge. Sie unterhält auch eine Betriebsstätte in Polen, in der ebenfalls Gartenzwerge hergestellt werden. Diese Betriebsstätte erzielt Verluste. Können diese Verluste in Deutschland geltend gemacht werden?

Der Fall sollte für Sie klar sein. Abkommensrechtlich steht Polen gem. Art. 7 Abs. 1 S. 2 DBA D/PL das Besteuerungsrecht für die Betriebsstätteneinkünfte zu und Deutschland stellt sie gem. Art. 24 Abs. 1 lit. a) DBA D/PL frei. Damit kann lediglich der negative Progressionsvorbehalt in Deutschland geltend gemacht werden. Die Aktivitätsklausel im DBA D/PL sowie § 2a i.V.m. § 32b Abs. 1 S. 2 Nr. 2 EStG sind nicht einschlägig.

In der Rechtssache Lidl Belgium (C-414/06) vom 15.05.2008 musste die Frage entschieden werden, ob die Verwehrung der Verlustberücksichtigung in Deutschland gegen die Niederlassungsfreiheit verstößt. Dass

Lektion 16: Bedeutung des Europarechts für das Steuerrecht

eine Diskriminierung gegenüber einer deutschen Betriebsstätte vorliegt, ist offensichtlich. Deren Verluste könnten natürlich in Deutschland berücksichtigt werden. Allerdings werden durch den Abkommensschutz nicht nur die Verluste, sondern auch die Gewinne der Betriebsstätte freigestellt. Diese Symmetrie zwischen Gewinn- und Verlustfreistellung sieht der EuGH als hinreichende Rechtfertigung für die Diskriminierung der Betriebsstättenverluste an (Symmetriethese). Zudem bestünde die Gefahr, dass die Verluste doppelt, nämlich im Belegenheitsstaat der Betriebsstätte und im Ansässigkeitsstaat, geltend gemacht würden. Beide Rechtfertigungsgründe sowie die Verhältnismäßigkeit der Maßnahme führten dazu, dass der Steuerpflichtige die Rechtssache Lidl Belgium verloren hat.

Damit war der Fall aber noch nicht zu Ende. In der Folgeentscheidung ging der BFH (BFH-Urteil vom 09.06.2010, I R 107/09) einen Schritt weiter. Nach Auffassung des BFH sind die freigestellten ausländischen Verluste ausnahmsweise im Fall einer tatsächlichen Finalität im Jahr der Finalität im Inland zu berücksichtigen. Denn wenn die Betriebsstätte schließt, können die Verluste im Ausland nicht mehr geltend gemacht werden. Mit der Schließung der Betriebsstätte werden die Verluste also final. In diesem Fall sind sie nach Ansicht des BFH im Ansässigkeitsstaat Deutschland zu berücksichtigen. Im Drittstaatenfall können finale Verluste hingegen in Deutschland nicht geltend gemacht werden. Grundlage für die Nutzung ist die Niederlassungsfreiheit. Diese ist für Drittstaaten jedoch nicht anwendbar. Der EuGH lehnte zu allgemeinem Erstaunen in der Rechtssache Timac Agro (C-388/14) vom 17.12.2015 die Verrechnung finaler Betriebsstättenverluste ab. Als Grund führte der EuGH an, eine Betriebsstätte in Österreich, deren Einkünfte abkommensrechtlich im Inland freizustellen seien, sei nicht mit einer inländischen Betriebsstätte objektiv vergleichbar. Mangels Vergleichbarkeit soll die aus der Nichtverrechnung resultierende Ungleichbehandlung nicht gegen die Niederlassungsfreiheit verstoßen. Bislang nicht geklärt ist, ob diese Entscheidung eine tatsächliche Abkehr von der langjährigen Rechtsprechung des EuGH oder nur einen Ausreißer darstellt.

Eines der ältesten und bekanntesten EuGH-Urteile betrifft die Rechtssache Schumacker (C-279/93) vom 14.02.1995. Der Grundtenor dieses Urteils ist als Schumacker-Doktrin in die Literatur und spätere Rechtsprechung eingegangen. Aber fangen wir mit einer Modifikation von Fall 67, der die Grenzgängerregel im DBA D/A betraf, an.

Fall 88
Arbeitnehmerfreizügigkeit

Die Buchhalterin Paula aus Slubice (Polen) arbeitet bei der D AG in Frankfurt (Oder). Andere Einkünfte erzielt Paula nicht. Sie kehrt täglich nach getaner Arbeit nach Slubice zurück. Paula hat sich beim Extremmountainbiking erhebliche Verletzungen zugezogen, deren Kosten die Krankenkasse nicht übernommen hat. Diese außergewöhnlichen Belastungen möchte sie steuerlich geltend machen. Eine weitere Belastung ist ihr Ehemann Pawel, der arbeitslos ist. Wer hat abkommensrechtlich das Besteuerungsrecht, wo kann Paula ihre außergewöhnlichen Belastungen geltend machen und wird ihr in Polen oder Deutschland der Splittingtarif gewährt?

Paula ist in Deutschland nach § 1 Abs. 4 EStG mit ihren inländischen Einkünften gem. § 49 Abs. 1 Nr. 4 lit. a) i.V.m. § 19 Abs. 1 S. 1 Nr. 1 EStG beschränkt steuerpflichtig. In Polen ist sie unbeschränkt steuerpflichtig und abkommensrechtlich ansässig. Grundsätzlich würde der Tätigkeitsstaat, also Deutschland, besteuern (Art. 15 Abs. 1 S. 2 DBA D/PL). Slubice und Frankfurt (Oder) liegen unmittelbar nebeneinander an der deutsch-polnischen Grenze. Das hilft ihr aber nicht, weil das DBA D/PL, wie Sie aus Fall 67 wissen, keine Grenzgängerregel enthält. Damit bleibt es beim vollumfänglichen Besteuerungsrecht in Deutschland und Polen stellt die Einkünfte nach Art. 24 Abs. 2 lit. a) DBA D/PL frei.

Die Steuerpflicht ist durch § 50 Abs. 2 S. 1 EStG mit dem LoSt-Abzug abgegolten. Sie könnte zwar nach § 50 Abs. 2 S. 2 Nr. 4 lit. b) EStG zur Veranlagung optieren. Damit könnte sie aber immer noch nicht ihre außergewöhnlichen Belastungen i.S.v. § 33 ESG geltend machen, weil § 50 Abs. 1 S. 3 EStG dies ausschließt. Und der Splittingtarif würde ihr auch nicht gewährt. In Polen kann sie ihre außergewöhnlichen Belastungen auch nicht geltend machen, weil sie dort keine Einkünfte erzielt.

In einer vergleichbaren Situation befand sich Roland Schumacker. Er lebte mit seiner Familie in Belgien und erzielte ausschließlich in Deutschland Einkünfte. Sein Fall landete vor dem EuGH, weil die Frage im Raum stand, ob hier eine Verletzung der Arbeitnehmerfreizügigkeit vorlag. Der EuGH hat im Schumacker-Urteil zunächst erklärt, dass für die Berücksichtigung der persönlichen Lebensumstände (d.h., Sonderausgaben, außergewöhnlichen Belastungen, Grundfreibetrag und

Ehegattensplitting) grundsätzlich der Ansässigkeitsstaat zuständig ist (Schumacker-Doktrin). Anders ist aber die Lage, wenn im Ansässigkeitsstaat keine nennenswerten Einkünfte erzielt werden. Unter diesen Umständen sind ausnahmsweise die persönlichen Lebensumstände im Tätigkeitsstaat zu berücksichtigen. Das war nicht der Fall. Schumacker wurde also vom deutschen Steuerrecht ohne hinreichende Rechtfertigung gegenüber Steuerinländern diskriminiert und in seiner Arbeitnehmerfreizügigkeit unzulässig beschränkt.

Daher hat Deutschland 1996 § 1 Abs. 3 EStG, die fiktive unbeschränkte Steuerpflicht, eingeführt. Steuerausländer dürfen sich seitdem mit ihren inländischen Einkünften wie unbeschränkt Steuerpflichtige behandeln lassen. Die nicht inländischen Einkünfte werden weiterhin nicht besteuert, gehen aber in den Progressionsvorbehalt ein (§ 32b Abs. 1 Nr. 5 EStG). Paula könnte sich also nach § 1 Abs. 3 EStG veranlagen lassen und könnte so auch ihre außergewöhnlichen Belastungen geltend machen. Voraussetzung des § 1 Abs. 3 EStG ist aber, dass die nicht inländischen Einkünfte gering sind. Das sind sie, wenn ihre Einkünfte im maßgeblichen Kalenderjahr zu mindestens 90 % der deutschen Besteuerung unterliegen oder die nicht inländischen Einkünfte geringer als der Grundfreibetrag sind (§ 1 Abs. 3 S. 2 EStG). Bei Paula sind beide Voraussetzungen erfüllt.

Der Gesetzgeber hat sich in § 1 Abs. 3 S. 2 EStG nach dem Semikolon noch eine kleine Gemeinheit einfallen lassen. Demnach ist bei Staaten mit geringen Lebenshaltungskosten der maßgebliche Grundfreibetrag zu kürzen. Wie hoch diese Kürzung ist, ergibt sich aus einer Tabelle mit einer Ländergruppeneinteilung vom 18.11.2013, die zu § 33a EStG im BStBl. I 2013, S. 1462 veröffentlicht wurde. Demnach ist für Polen nur die Hälfte des Grundfreibetrags anzusetzen. Der Verfasser dieser Tabelle war ganz offensichtlich noch nie in Polen! Dies ist aber für unseren Fall irrelevant, weil Paula in Polen gar keine Einkünfte erzielt.

> § 1 Abs. 3 EStG gilt nicht nur für EU-Arbeitnehmer, sondern für **alle Steuerpflichtigen**, egal in welchem Staat sie unbeschränkt Steuerpflichtig sind und welche Einkünfte sie in Deutschland erzielen.

Den Splittingtarif gewährt ihr § 1 Abs. 3 EStG aber nicht. Daher wurde, um den Anforderungen der EuGH-Rechtsprechung gerecht zu werden,

§ 1a EStG geschaffen, der für EWR-Bürger auch den Splittingvorteil gewährt (§ 1a Abs. 1 Nr. 2 EStG). Die Norm fordert nicht, dass auch der Ehegatte EWR-Bürger sein muss.

Fall 89
Kapitalverkehrsfreiheit

Die A AG mit Sitz und Geschäftsleitung in Wien hält eine sog. Streubesitzbeteiligung (d.h. < 10%) an der deutschen D GmbH. Letztere schüttet Dividenden aus. Welche steuerlichen Folgen ergeben sich für die A AG?

Die A AG ist nach § 2 Nr. 1 KStG i.V.m. § 8 Abs. 1 KStG und § 49 Abs. 2 EStG i.V.m. § 49 Abs. 1 Nr. 5 lit. a) EStG beschränkt steuerpflichtig mit den bezogenen Dividenden. Mit diesen unterliegt sie der KESt (§ 43 Abs. 1 Nr. 1 EStG) i.H.v. 25%, wobei ihr wegen § 44a Abs. 9 i.V.m. § 50d Abs. 1 EStG wiederum eine Ermäßigung zusteht ($2/5$-Regel). Weitere Erstattungen bleiben aus: Sowohl eine Begünstigung nach § 43b EStG als auch nach Art. 10 Abs. 2 lit. a) DBA D/A scheiden aus, weil die Höhe der Beteiligung der A AG nicht die erforderliche 10%-Grenze erfüllt.

Um nun unionsrechtliche Schlussfolgerungen zu ziehen, ist zu fragen, ob die A AG gegenüber inländischen Anteilseignern benachteiligt wird.

Bis zum 28.02.2013 wurden Gewinnausschüttungen an inländische KapGes ungeachtet der Beteiligungshöhe nach § 8b Abs. 1 S. 1 KStG steuerfrei gestellt. Dies bedeutet: Für Streubesitzbeteiligungen bestand regelmäßig eine Ungleichbehandlung zwischen in- und ausländischen Anteilseignern, da die ausländischen KapGes mangels Veranlagung nicht in den Genuss von § 8b Abs. 1 KStG kamen. Der EuGH nahm dies zum Anlass, die Besteuerung von Streubesitzdividenden nach deutschem Recht für unionsrechtswidrig zu erklären, da sie gegen die Kapitalverkehrsfreiheit verstoßen hat (EuGH-Urteil vom 20.10.2011, C-284/09).

Nach diesem Urteil war der Gesetzgeber gefordert, den Verstoß gegen die Kapitalverkehrsfreiheit zu beseitigen. Doch anstatt einer Ausdehnung des Schachtelprivilegs auf ausländische Streubesitzdividendenempfänger wurde der Inlandsfall schlechter gestellt. Wenn beide gleich schlecht gestellt werden, wird keiner diskriminiert. Für Gewinnausschüttungen auf Streubesitzbeteiligungen ist seit 01.03.2013 § 8b Abs. 4 KStG zu beachten: Die Freistellung wird nunmehr auch inländischen KapGes nur dann gewährt, wenn sie zu mindestens 10 % beteiligt sind. Damit soll eine Gleichbehandlung erreicht werden. Während aber inländische KapGes mit ihren Streubesitzdividenden einer Nettobesteuerung unterliegen, bleibt es für ausländische KapGes aufgrund der Abgeltungswirkung des Steuerabzugs bei einer Bruttobesteuerung. Dass auch eine solche Ungleichbehandlung gegen die Grundfreiheiten verstoßen kann, hat der EuGH in der Rechtssache Gerritse (Urteil vom 12.6.2003, C-234/01) festgestellt.

3 Die drei wichtigsten steuerlichen EU-Richtlinien

Da der Vertrag von Lissabon keine unmittelbare Harmonisierung der direkten Steuern vorsieht (Gleichheit des Ertragsteuerrechts), muss jeder Sekundärrechtsakt, i.d.R. EU-Richtlinien, von allen Mitgliedstaaten angenommen und in nationales Recht transformiert werden (Vergleichbarkeit des Steuerrechts).

Leitsatz 17

Stellenwert der EU-Richtlinien

Die wichtigsten EU-Richtlinien sind die **Mutter-Tochter-Richtlinie** (2011/96/EU), die **Zins- und Lizenzrichtlinie** (2003/49/EG) sowie die **Anti-Tax-Avoidance-Directive** (2016/1164/EU).

EU-Richtlinien haben einen völlig anderen rechtlichen Stellenwert als die Ihnen bekannten Richtlinien der deutschen Finanzverwaltung (EStR, KStR, LoStR etc.). Während letztgenannte schlicht Meinungsäußerungen der Finanzverwaltung sind, haben EU-Richtlinien **echten Rechtscharakter**.

Die EU-Staaten müssen den Inhalt der Richtlinien in nationales Recht **transformieren**. Tut ein Staat dies nicht oder unvollständig, kann sich der Steuerpflichtige unmittelbar auf die EU-Richtlinie berufen. Die Umsetzung einer Richtlinie kann in den einzelnen Mitgliedstaaten durchaus unterschiedlich erfolgen, muss sich aber in dem Rahmen bewegen, den die Richtlinie vorgibt.

3.1 Die Mutter-Tochter-Richtlinie (MTR-2011/96/EU)

Die Mutter-Tochter-Richtlinie (MTR) hat als Ziel, eine Einmalbesteuerung von Gewinnen bei grenzüberschreitenden europäischen Konzernen herzustellen. Um den Sinn zu verstehen, muss man zunächst den Kaskadeneffekt der Konzernbesteuerung verstehen. Diesen soll ein fiktives Beispiel veranschaulichen.

Ein fiktiver

Fall 90

Stellen Sie sich vor, dass ein europäischer Konzern aus drei KapGes besteht (Mutter in A, Tochter in PL, Enkeltochter in D). An der Mutter ist eine natürliche Person beteiligt. Erzielt die Enkeltochter einen Gewinn und schüttet sie diesen aus, kann es theoretisch zu folgender Besteuerung kommen, bis der Gewinn bei der natürlichen Person ankommt.

Die Enkeltochter im Land D erzielt einen Gewinn i.H.v. 100 und zahlt darauf 30% KSt-D (Rest 70). Den Gewinn nach Steuern schüttet sie an die Tochter in Land PL aus. Der Fiskus in Land D erhebt 25% D-QuSt (25% von 70 = 17,50). Die Tochter in PL müsste auf die Bruttodividende 19% KSt-PL (19% von 70 = 13,30) zahlen, rechnet aber die D-QuSt an. Anschließend schüttet sie den Rest (70 ./. 17,50 = 52,50) an die Mutter in A aus. Auf die Ausschüttung erhebt Land PL 19% PL-QuSt, also (19% von 52,50 = 9,975). Land A besteuert den Beteiligungsertrag der Mutter mit 25% A-KSt und rechnet die QuSt an; A erhebt also (13,125 ./. 9,975 = 3,15). Es verbleiben vom ursprünglichen Gewinn lausige 39,375%, die an die natürliche Person ausgeschüttet werden können. Dabei fallen natürlich (anrechenbare) QuSt und ESt an.

Wenn der Konzern hinreichend tief gegliedert ist (Mutter, Tochter, Enkel, Urenkel, Ururenkel usw.), kann er so den Gewinn nach Steuern beliebig verringern und die Fiski über die Dividendenbesteuerung reich machen. Würde der „Konzern" hingegen lediglich aus einem Unternehmen (mit Betriebsstätten anstatt Töchtern) bestehen, würde es nur einmal auf Unternehmensebene bei Gewinnentstehung und dann bei Ausschüttung an die natürliche Person zur Besteuerung kommen. Dieser Kaskadeneffekt bei der Dividendenbesteuerung führt also zum einen zu einer Konzentration der Unternehmen und zum anderen zu einem hohen administrativen Aufwand. Daher wurde die MTR geschaffen, deren Ziel es ist, den Kaskadeneffekt bei der Besteuerung innerhalb eines europäischen Konzerns zu vermeiden. Dies wird erreicht, indem auf Dividenden innerhalb eines Konzerns in der EU keine QuStn erhoben werden und der Empfängerstaat die Dividende (i.d.R.) freistellt.

In dem eben dargestellten fiktiven Fall 90 würde also die Enkeltochter, bei der der Gewinn erwirtschaftet wurde, 30% Steuern zahlen. Dann würden aber solange keine weiteren Steuern anfallen, bis die Dividende an die natürliche Person ausgeschüttet wird. Im Ergebnis wäre es also egal, ob der Konzern aus einer oder beliebig vielen Stufen besteht.

Leitsatz 18

Zentraler Inhalt der Mutter-Tochter-Richtlinie und seine Transformation

Art. 1 MTR bestimmt zunächst, dass sie auf Cross-Border Gewinnausschüttungen innerhalb der EU anzuwenden ist, sofern die Mutter **zumindest mit 10%** und für **mindestens zwei Jahre** an der Tochter beteiligt ist (Art. 3 MTR).

Es geht bei der MTR darum, dass bei Gewinnausschüttungen innerhalb eines Konzerns (also von einer KapGes zu einer KapGes) der **Quellenstaat keine QuSt** erhebt und der **Ansässigkeitsstaat** die Dividende **freistellt** (in Ausnahmen: indirekte Anrechnung). Zentral sind daher die Art. 4 und 5 MTR.

▶ Art. 5 bestimmt kurz und bündig, dass der Quellenstaat bei Ausschüttungen keine QuSt erheben darf.

▶ Art. 4 bestimmt, dass der Ansässigkeitsstaat der Mutter die Dividende (lit. a) entweder freistellt oder (lit. b) eine indirekte Anrechnung vornimmt.

Art. 8 bestimmt, dass die Bestimmungen der MTR in nationales Recht umgesetzt werden müssen.

▶ Die **Umsetzung des QuSt-Verzichts** erfolgt in § 43b EStG.

▶ Die **Umsetzung der Freistellung** erfolgt in § 8b Abs. 1 KStG sowie § 9 Nr. 7 S. 1 Hs. 2 GewStG.

Mit der Änderungsrichtlinie 2015/121 vom 27.01.2015 wurde die MTR geändert. Die Freistellung im Ansässigkeitsstaat gilt seither nur insoweit, als die Dividende beim Vergütungsschuldner nicht als Betriebsausgabe abziehbar ist.

Fall 91
Grundfall zur MTR

Die österreichische A AG ist an der deutschen D GmbH seit zwei Jahren mit 50% beteiligt. Die D GmbH schüttet eine Dividende aus. Erläutern

Sie, wie die Besteuerung in Deutschland auf Antrag erfolgt und raten Sie, was in Österreich passiert.

Deutschland hat die MTR bezüglich der QuSt-Befreiung in § 43b EStG umgesetzt. Die Beteiligungs- und Haltevoraussetzungen sind erfüllt; daher erhebt Deutschland keine QuSt auf die Dividende.

Österreich hat die MTR bezüglich der Freistellung im Empfängerstaat in § 10 Abs. 1 und 2 KStG-A umgesetzt. Daher erhebt auch Österreich keine Steuer auf die Ausschüttung.

Drehen wir den Fall um und kommen so zu

Fall 92
Grundfall zur MTR

Die deutsche D GmbH ist an der österreichischen A AG seit zwei Jahren mit 50 % beteiligt. Die A AG schüttet eine Dividende aus. Raten Sie, was in Österreich steuerlich passiert, und erläutern Sie, wie die Besteuerung in Deutschland erfolgt.

Österreich hat die MTR bezüglich der QuSt-Befreiung in § 94 Ziffer 2 EStG-A umgesetzt. Die Beteiligungs- und Haltevoraussetzungen der MTR sind erfüllt; daher erhebt Österreich keine QuSt.

Deutschland hat die MTR bezüglich der Freistellung im Ansässigkeitsstaat des Empfängers in § 8b Abs. 1 KStG umgesetzt. Daher erhebt auch Deutschland keine Steuer auf die Ausschüttung.

„Stopp!" krakeelt der Geschäftsführer der D GmbH. „Das mit der Steuerbefreiung stimmt so nicht. Deutschland erhebt gem. § 8b Abs. 5 KStG auf 5 % der Dividende KSt nebst SolZ und GewSt. Diese Wegelagersteuer ist eindeutig europarechtswidrig!". Stimmt das?

Nein. Um den Sinn von § 8b Abs. 5 KStG zu verstehen, muss man etwas ausholen. Die Dividende ist eine nach § 8b Abs. 1 S. 1 KStG komplett steuerfreie Betriebseinnahme. § 3c Abs. 1 EStG bestimmt nun, und das ist logisch, dass Betriebsausgaben, die mit steuerfreien Betriebseinnahmen in Zusammenhang stehen, nicht abgezogen werden dürfen. Stellen Sie sich nun ein DAX-Unternehmen mit hunderten Beteiligungen vor.

Wer soll nun herausfinden, welche Betriebsausgaben zu welcher Beteiligung gehören und damit nicht abzugsfähig sind? Deshalb hat der Gesetzgeber eine Pauschalierung vorgenommen. Er unterstellt einfach, dass die Betriebsausgaben, die mit den Dividenden zusammenhängen, genau 5 % der Dividenden betragen. Und diese 5 % sind gem. § 8b Abs. 5 KStG nicht abzugsfähige Betriebsausgaben. Die tatsächlichen Betriebsausgaben dürfen dafür voll abgezogen werden. Und europarechtswidrig ist die Norm auch nicht, weil Art. 4 Abs. 3 MTR genau diese Pauschalierung gestattet.

3.2 Die Zins- und Lizenzrichtlinie (ZLR-2003/49/EG)

Auch die Zins- und Lizenzrichtlinie (ZLR) hat als Ziel, eine Einmalbesteuerung der Zinsen und Lizenzzahlungen eines grenzüberschreitenden EU-Konzerns sicher zu stellen. Anders als bei der MTR steht das Besteuerungsrecht dem Ansässigkeitsstaat des Empfängers zu.

> **Leitsatz 19**
>
> **Zentraler Inhalt der Zins- und Lizenz-Richtlinie und seine Transformation**
>
> Der Grundgedanke der ZLR ist die **QuSt-Vermeidung** bei grenzüberschreitenden **Zins- und Lizenzzahlungen** in EU-Konzernen. Zahlt eine KapGes Zinsen oder eine Lizenzgebühr an eine **verbundene KapGes**, darf der Quellenstaat keine QuSt erheben. Das Besteuerungsrecht liegt allein beim Ansässigkeitsstaat des Empfängers.
> Voraussetzung der ZLR ist, dass die Zahlung grenzüberschreitend zwischen verbundenen Unternehmen mit einer Beteiligungshöhe von **mindestens 25 %** erfolgt.
> **Umgesetzt** wurde die ZLR von Deutschland in **§ 50g EStG**.

Fall 93
Grundfall zur ZLR

Die polnische PL Sp. z o.o. handelt mit Gartenzwergen. Zudem ist sie zu 100 % an der deutschen D AG beteiligt. Sie gewährt der D AG ein Darlehen zu angemessenen Zinsen. Außerdem überlässt sie ihr gegen angemessene laufende Zahlungen ein Patent, eine Maschine sowie ein in Frankfurt (Oder) belegenes Betriebsgrundstück. Darf Deutschland die Einkünfte besteuern?

Die PL Sp. z o.o. ist einer GmbH vergleichbar. Sie ist daher in Deutschland beschränkt steuerpflichtig nach § 2 Nr. 1 KStG i.V.m. § 8 Abs. 1 KStG und § 49 EStG, sofern und soweit sie inländische Einkünfte erzielt. Die PL Sp. z o.o. ist gewerblich tätig. Daher ist zunächst § 49 Abs. 1 Nr. 2 lit. a) EStG einschlägig. Allerdings unterhält sie in Deutschland keine Betriebsstätte. Deshalb greift für die gewerbliche Vermietungstätigkeit (Grundstück) und die Überlassung des Rechts § 49 Abs. 1 Nr. 2 lit. f) EStG. Die Miete für die Maschine wird durch § 49 Abs. 2 i.V.m. § 49 Abs. 1 Nr. 9 EStG erfasst. Die Zinsen sind nicht dinglich gesichert. Daher greifen § 49 Abs. 2 i.V.m. § 49 Abs. 1 Nr. 5 lit. c) EStG nicht. Mit der Miete für das Grundstück und für die Maschine wird die PL Sp. z o.o. veranlagt. Die Steuer auf die Lizenzzahlung ist wegen § 50 Abs. 2 S. 1 EStG durch den Steuerabzug nach § 50a Abs. 1 Nr. 3 i.V.m. Abs. 2 EStG abgegolten.

Allerdings kann die PL Sp. z o.o. hinsichtlich der QuSt bezüglich der [Lizenzzahlung](#) sowie für die [Miete bezüglich der Maschine](#) (!) [§ 50g EStG](#) geltend machen (vgl. die Definition in § 50g Abs. 3 Nr. 4 lit. b) EStG). Die QuSt wird gem. § 50d Abs. 1 EStG auf Antrag erstattet; die Steuer auf die Miete der Maschine fällt nicht an, weil die PL Sp. z o.o. diese Einkünfte wegen § 50g Abs. 1 S. 2 EStG bei der Veranlagung nicht versteuern muss.

Abkommensrechtlich passt es auch. Die Miete für das Grundstück darf Deutschland nach Art. 6 DBA D/PL besteuern und Polen stellt gem. Art. 24 Abs. 2 lit. a) DBA D/PL frei. Die Zinsen sind für Deutschland abkommensrechtlich irrelevant, weil sie hier bereits nach nationalem Recht nicht besteuert werden. Polen besteuert diese im Rahmen der unbeschränkten Steuerpflicht voll. Ebenso die Lizenzzahlungen für das Recht und die Maschine. Art. 11 Abs. 1 bzw. Art. 12 Abs. 1 i.V.m. Art. 24 Abs. 2 lit. b) DBA D/PL gestatten Polen die Besteuerung. Da Deutschland schon wegen [§ 50g EStG](#) kein Besteuerungsrecht zusteht, werden die maximal 5% QuSt auch nicht erhoben.

3.3 Die ATAD (ATAD-2016/1164/EU)

Eine für die direkte Besteuerung äußerst bedeutsame Richtlinie ist die Anti-Tax-Avoidance-Directive (Steuervermeidungsbekämpfungs-Richtlinie) mit Vorschriften zur Bekämpfung von Steuervermeidungspraktiken mit unmittelbaren Auswirkungen auf das Funktionieren des Binnenmarktes vom 12.07.2016. Die ATAD ist ein auf EU-Ebene geschaffenes Ergebnis der sog. BEPS-Initiative (Base Erosion and Profit Shifting) der OECD. Besonders an dieser Richtlinie ist ihr allgemeiner Charakter. Anders als die MTR und die ZLR betrifft die ATAD nicht bestimmte einzelne wirtschaftliche Sachverhalte, sondern ausweislich des Anwendungsbereichs (Art. 1) betreffen die Maßnahmen diverse Steuervermeidungspraktiken von KapGes.

> ## Leitsatz 20
>
> **Zentraler Inhalt der Anti-Tax-Avoidance-Directive**
>
> Die ATAD dient der abgestimmten Bekämpfung von **Steuervermeidungspraktiken** international agierender KapGes. Sie ist bis Ende 2018 in allen EU-Staaten umzusetzen.
>
> Folgende Probleme werden im Rahmen der **ATAD** aufgegriffen, wobei es sich stets um ein **Mindestschutzniveau** handelt, das die Staaten durch schärfere Maßnahmen erhöhen können (Art. 3):
>
> ▶ Zinsabzugsbeschränkungen (Art. 4),
> ▶ Übertragung von Vermögenswerten und Wegzugsbesteuerung (Art. 5),
> ▶ missbräuchliche Gestaltungen (Art. 6),
> ▶ ausländische Zwischengesellschaften (Art. 7 und 8) und
> ▶ hybride Gestaltungen (Art. 9).

Die ATAD hat ein völlig anderes Ziel als die MTR und die ZLR. Während diese beiden einen Steuervorteil für EU-Konzerne zum Ziel haben, liegt der Fokus der ATAD ganz eindeutig auf der Steuervermeidungsbekämpfung. Dies sollen die folgenden zwei Fälle illustrieren.

Fall 94
Zinsabzugsbeschränkung

Der Finanzvorstand der deutschen D AG ist das „raue deutsche Steuerklima" leid. KSt, SolZ und GewSt ergeben zusammen etwa 30% Steuerlast. Dies soll geändert werden. Daher gründet die D AG eine bulgarische Tochter-KapGes (KSt-Satz in BUL: 10%). Die D AG stattet die Tochter mit bemerkenswert viel Eigenkapital (Bareinlage) aus. Das meiste davon wird umgehend als Darlehen an die D AG zurückgezahlt. Nun muss die D AG Zinsen an ihre Tochter zahlen. Was ist der Sinn dieser steuerlichen Gestaltung?

Die Zinsen führen bei der D AG zu Betriebsausgaben und somit zu einer Steuerminderung in Deutschland, während sie in Bulgarien (mit lausigen 10%) versteuert werden. Die Zinsgewinne, die die Tochter mit der Gestaltung erzielt, kann sie dann wieder an die Mutter, also die D AG, ausschütten. Die Dividende ist bei der D AG wegen § 8b Abs. 1 S. 1 i.V.m. Abs. 5 KStG fast vollständig steuerfrei. Theoretisch wird die Steuerlast damit um etwa ⅔ gesenkt. Aber eben nur theoretisch.

Anders als die meisten EU-Staaten hat Deutschland die Maßnahmen, die die ATAD vorsieht, schon längst umgesetzt. Aus Kudert, Steuerrecht – leicht gemacht® kennen Sie bereits die Zinsschranke. Falls diese nicht greift, wäre die Hinzurechnungsbesteuerung (dazu kommen wir in Lektion 17) zu prüfen und wenn alle Stricke reißen, kann man vielleicht noch mit § 42 AO drohen. Sie sehen also, dass Deutschland die Mindestregelungen, die in den Art. 4, 6, 7 und 8 der ATAD vorgesehen sind, bereits umgesetzt hat. Sie müssen ggf. nur noch geringfügig modifiziert werden. Dies ist in vielen anderen EU-Staaten nicht der Fall.

Die ATAD muss in allen EU-Staaten bis Ende 2018 in nationales Recht transformiert werden, um ein abgestimmtes Vorgehen gegen die Steuervermeidungspraktiken zu ermöglichen. Aber so ganz ist das dann doch nicht abgestimmt, wie der nächste Fall verdeutlicht.

Fall 95
Hybride Gestaltungen

Die deutsche D GmbH gewährt ihrer Tochter, einer Luxemburger S.a.r.l. (vergleichbar einer GmbH), ein eigenkapitalähnliches Genussrecht. Die

Finanzverwaltung in Luxemburg stuft dieses als Fremdkapital ein, während es nach deutscher Lesart Eigenkapital ist. Was ist der steuerliche Sinn dieser Gestaltung?

Hierbei handelt es sich um ein hybrides Finanzinstrument, also ein Finanzinstrument, das irgendwie den Charakter von Eigen- aber eben auch von Fremdkapital hat. Solche hybriden Finanzinstrumente werden (natürlich nur gelegentlich) für steuerliche Gestaltungen genutzt.

In Luxemburg soll dieses Genussrecht als Fremdkapital eingestuft werden. Die Vergütungen sind folglich bei der S.a.r.l. als Zinsaufwand abziehbar, während dieselben Vergütungen aus deutscher Sicht als Gewinnausschüttungen nach § 8b Abs. 1 S. 1 i.V.m. Abs. 5 KStG (fast) steuerfrei wären.

Nach Art. 9 Abs. 2 ATAD soll der Mitgliedstaat des Zahlenden (hier also Luxemburg) für künftige Fälle den Abzug als Betriebsausgabe versagen, wenn die Zahlung in Deutschland (hier Empfängerstaat) nicht besteuert wird. Als aufmerksamer Leser werden Sie sich wundern, dass in der MTR eine exakt umgekehrte Regelung enthalten ist, nach der solche Gewinnausschüttungen im Empfängerstaat nicht freigestellt werden. Und der deutsche Gesetzgeber hat dies auch in § 8b Abs. 1 S. 2 KStG umgesetzt. Hier liegen offenbar für ein Problem zugleich zwei Lösungen vor. Welche Auswirkungen sich daraus ergeben bzw. welcher Staat nun tatsächlich korrigiert, ist bislang noch offen.

V. Grundzüge der Hinzurechnungsbesteuerung

Lektion 17: Hinzurechnungsbesteuerung

Steuerinländer können versuchen durch Basisgesellschaften in Steueroasen Einkünfte vor der deutschen Besteuerung abzuschirmen. Wie diese Strukturierungen durchgeführt werden und welche Gegenmaßnahmen das Außensteuergesetz (AStG) vorsieht, soll die Lektion 17 verdeutlichen.

1 Hinzurechnungsbesteuerung bei Zwischengesellschaften

Fall 96
Ausländische Basisgesellschaften

Doris aus Berlin unterhält in einem kleinen europäischen Fürstentum ein Bankkonto, das erfreuliche Zinserträge abwirft. Zwischen Deutschland und dem Fürstentum existiert kein DBA. Muss sie diese Erträge der ESt unterwerfen?

Eigentlich sollte Ihnen diese Frage inzwischen zu trivial sein. Doris ist unbeschränkt steuerpflichtig nach § 1 Abs. 1 S. 1 EStG. Natürlich gilt das Welteinkommensprinzip. Die Zinsen muss sie gem. § 20 Abs. 1 Nr. 7 EStG als EaKV versteuern. Das Besteuerungsrecht wird auch nicht durch ein DBA eingeschränkt.

Weiterhin Fall 96

Doris hat dazu aber keine Lust. Sie könnte natürlich schlicht die Zinsen in ihrer deutschen Steuererklärung „vergessen" anzugeben. Das wäre aber Steuerhinterziehung, ist illegal und unmoralisch und könnte, da zwischen Monaco und Deutschland seit 2010 ein Abkommen über den Informationsaustausch für Besteuerungszwecke besteht, ins Auge gehen.

Sie kommt auf eine einfache, aber aus ihrer Sicht geniale und legale Idee. Doris gründet in dem Fürstentum eine KapGes und legt ihr Bares dort ein. Die KapGes legt dann das Geld bei der Bank an. Nunmehr erzielt die KapGes (ausländische Basisgesellschaft) die Zinseinkünfte. Diese ist aber in Deutschland weder unbeschränkt noch beschränkt steuerpflichtig. Auch

Doris hat in Deutschland keine Kapitalerträge zu versteuern, solange die KapGes ihre Gewinne thesauriert. Erst wenn Doris dazu Lust verspürt, dass die KapGes die Gewinne ausschüttet, hat Doris EaKV (Dividenden) gem. § 20 Abs. 1 Nr. 1 EStG der deutschen ESt zu unterwerfen. Und das kann dauern.

Um diese Abschirmwirkung einer ausländischen Basisgesellschaft zu beseitigen, hat der Gesetzgeber große Geschütze, nämlich die §§ 7 bis 14 AStG, aufgefahren. Wenn er den Verdacht hegt, dass diese KapGes nur gegründet wurde, um Einkünfte eines unbeschränkt Steuerpflichtigen durch Thesaurierung vor dem deutschen Fiskus abzuschirmen, fingiert er regelmäßige Dividenden. Diese fiktiven Dividenden nennt er Hinzurechnungsbeträge (HZB) und besteuert sie voll.

Leitsatz 21

Hinzurechnungsbesteuerung

Bei der Hinzurechnungsbesteuerung nach den §§ 7 bis 14 AStG geht es zunächst darum, dass bei KapGes (**Zwischengesellschaften** i.S.v. § 7 Abs. 1 AStG)

- im **niedrig besteuernden Ausland** (§ 8 Abs. 3 AStG: $S_A < 25\%$),
- die **passive Einkünfte** erwirtschaften (§ 8 Abs. 1 AStG)
- und an denen in Deutschland unbeschränkt Steuerpflichtige **mehrheitlich beteiligt** sind (§ 7 Abs. 2 AStG: > 50%),

gem. § 7 Abs. 1 AStG eine Besteuerung erfolgt, als hätte die KapGes an den Gesellschafter in Deutschland eine Dividende ausgezahlt (**HZB**). Die tatsächlich fließende Dividendenzahlung ist nach § 3 Nr. 41 lit. a) EStG steuerfrei, sofern sie innerhalb von acht Jahren ausgeschüttet wird.

Für **Zwischeneinkünfte mit Kapitalanlagecharakter** wurden die Zurechnungsvorschriften durch § 7 Abs. 6 AStG zusätzlich verschärft. Hier muss lediglich eine Beteiligung eines unbeschränkt Steuerpflichtigen i.H.v. **1%** vorliegen, um die Hinzurechnungsbesteuerung auszulösen.

Die Hinzurechnungsbesteuerung entfällt innerhalb der EU, wenn die ausländische Gesellschaft eine **wirkliche wirtschaftliche Tätigkeit** ausübt (§ 8 Abs. 2 AStG).

§ 20 Abs. 2 S. 1 AStG verhindert, dass die **Hinzurechnungsbesteuerung** durch freigestellte **Betriebsstätteneinkünfte** umgangen wird, indem ein **Switch-Over** zur Anrechnung erfolgt (**SOC**).

Im Unterschied zu einer regulären Dividende wird der HZB beim deutschen Gesellschafter als Einkünfte i.S.d. § 20 Abs. 1 Nr. 1 EStG in voller Höhe der ESt bzw. der KSt zuzüglich SolZ und GewSt unterworfen (§ 10 Abs. 2 AStG), da das TEV nach § 3 Nr. 40 EStG bei natürlichen Personen bzw. die Freistellung gem. § 8b Abs. 1 S. 1 KStG bei KapGes nicht zur Anwendung kommen (§ 10 Abs. 2 S. 3 AStG).

Der Gesetzgeber unterstellt also, dass die Zwischengesellschaft, die Doris in Fall 96 nur gegründet hat, damit die dort thesaurierten Gewinne in Deutschland nicht besteuert werden können, ihr nach der Belastung mit den ausländischen Steuern verbleibendes Einkommen nach Deutschland ausgeschüttet hat. Diese Besteuerungsfolgen sind auch immer definitiv und treten unabhängig davon ein, ob die Zwischengesellschaft ihre Gewinne tatsächlich thesauriert oder laufend ausschüttet. Der HZB gilt, wie bei einer „normalen" Dividende gem. § 10 Abs. 2 S. 1 AStG unmittelbar nach Ablauf des maßgeblichen Wirtschaftsjahres der Zwischengesellschaft bei Gesellschafter als zugeflossen.

Bei der Besteuerung des HZB in Deutschland kann der Steuerpflichtige die Steuer, die die Zwischengesellschaft selbst gezahlt hat, wie eine Betriebsausgabe abziehen (§ 10 Abs. 1 AStG). Er kann aber auch auf Antrag bei der Besteuerung des HZB die in § 12 Abs. 1 S. 1 AStG kodifizierte Option zur Anrechnung beanspruchen. Tut er das, dann ist der HZB um einen sog. Aufstockungsbetrag (die ausländischen Steuern, die nach § 10 Abs. 1 AStG bei der Ermittlung des HZB abziehbar sind), zu erhöhen.

Das findet Doris merkwürdig. Wenn sie zunächst eine fiktive Dividende (HZB) und dann später noch die echte Dividende versteuern muss, schießt der Gesetzgeber doch weit über das Ziel hinaus.

Das klingt plausibel. Wenn die tatsächliche Ausschüttung erfolgt, muss Doris diese Dividende normal versteuern (also KESt oder TEV). Die normale Ausschüttung ist jedoch gem. § 3 Nr. 41 lit. a) EStG steuerfrei, wenn sie innerhalb eines Zeitraums von acht Jahren nach erfolgter Hinzurechnungsbesteuerung erfolgt. So wird die doppelte Besteuerung, also zunächst als HZB und dann die tatsächliche Dividende, vermieden.

Eine im Ausland bei Ausschüttung angefallene QuSt kann dann ebenfalls auf die anteilig auf den HZB entfallene ESt (auch nachträglich) angerechnet werden (§ 12 Abs. 3 AStG).

Für Zwischeneinkünfte mit Kapitalanlagecharakter (Definition in § 7 Abs. 6a AStG) wurden die Zurechnungsvorschriften durch § 7 Abs. 6 AStG noch zusätzlich verschärft. Hier muss lediglich eine Beteiligung eines unbeschränkt Steuerpflichtigen i.H.v. 1 % vorliegen, um die Hinzurechnungsbesteuerung auszulösen.

Gegen die Anwendung der §§ 7 bis 14 AStG innerhalb des EWR wurden immer wieder europarechtliche Vorbehalte (Niederlassungsfreiheit) erhoben. Mit der Entscheidung des EuGH vom 12.09.2006 in der Rechtssache C-196/04 „Cadbury Schweppes" bezüglich der britischen Regelungen über die Hinzurechnungsbesteuerung wurde klargestellt, dass im EU-Bereich lediglich rein künstliche Gestaltungen von §§ 7 bis 14 AStG erfasst werden dürfen. Bei einer tatsächlichen wirtschaftlichen Tätigkeit der Basisgesellschaft in einem EWR-Staat entfällt die Hinzurechnungsbesteuerung komplett (§ 8 Abs. 2 AStG).

2 Passive Betriebsstätteneinkünfte

Fall 97
Switch-Over bei Betriebsstätteneinkünften

Doris gibt nicht auf. Sie hat noch eine letzte Idee und gründet eine deutsche D GmbH mit einer Betriebsstätte in einem Niedrigsteuerland, mit dem ein DBA besteht. Die Betriebsstätte erzielt nun die passiven Einkünfte, weil sie die Aktivitätsanforderungen in § 8 Abs. 1 AStG nicht erfüllt. Da abkommensrechtlich Betriebsstätteneinkünfte freigestellt werden, bleiben diese nun steuerfrei. Und die Hinzurechnungsbesteuerung nach §§ 7 bis 14 AStG gilt ja nur bei KapGes. Super?

Scheinbar ist das ein Weg. Aber eben nur scheinbar.

Wenn mit dem DBA-Staat, in dem die Betriebsstätte belegen ist, eine Aktivitätsklausel im DBA vereinbart wurde, bricht das Modell schon in sich zusammen. Das wurde bereits in Fall 56 besprochen. Aufgrund der

Aktivitätsklausel erfolgt ein Methodenwechsel von der Freistellung zur Anrechnung (vgl. etwa Art. 24 Abs. 1 lit. c) DBA D/PL).

Sie könnte die Betriebsstätte aber auch in einem Vertragsstaat gründen, bei dem das DBA keine Aktivitätsklausel enthält. Da die §§ 7 bis 14 AStG eine Hinzurechnungsbesteuerung nur vorsehen, wenn die Steuerinländer an einer KapGes in einem Niedrigsteuerland beteiligt sind, würden diese Normen nicht greifen.

Allerdings hat der Gesetzgeber diese Lücke auch gesehen und daher § 20 Abs. 2 S. 1 AStG geschaffen. Sinngem. sagt er:

Wenn die Betriebsstätte eine KapGes wäre und dann die §§ 7 bis 14 AStG greifen würden, werden die Betriebsstätteneinkünfte nicht freigestellt sondern ein Wechsel zur Anrechnungsmethode folgt (SOC). Damit ist auch dieses Modell gestorben.

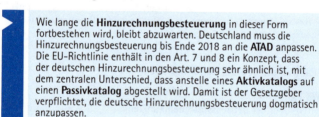

Wie lange die **Hinzurechnungsbesteuerung** in dieser Form fortbestehen wird, bleibt abzuwarten. Deutschland muss die Hinzurechnungsbesteuerung bis Ende 2018 an die **ATAD** anpassen. Die EU-Richtlinie enthält in den Art. 7 und 8 ein Konzept, dass der deutschen Hinzurechnungsbesteuerung sehr ähnlich ist, mit dem zentralen Unterschied, dass anstelle eines **Aktivkatalogs** auf einen **Passivkatalog** abgestellt wird. Damit ist der Gesetzgeber verpflichtet, die deutsche Hinzurechnungsbesteuerung dogmatisch anzupassen.

Epilog: Zum Abschluss drei skurrile Fälle

Zum Abschluss dieser Einführung in das Internationale Steuerrecht sollen noch drei wirklich skurrile Fälle diskutiert werden, die das Zusammenspiel der verschiedenen Normenebenen verdeutlichen. Wenn Sie diese Fälle nachvollziehen können, waren die redlichen Bemühungen des Autors nicht vergebens.

Fall 98
Hinzurechnungsbesteuerung

ist ein echter Hammer, der zeigt, welche Auswirkungen entstehen können, wenn der Gesetzgeber seine Normen nicht ordentlich synchronisiert.

Dieter, Doris und Paula sind zu je 25 % an der CayCo beteiligt, einer KapGes, die auf den Cayman Islands ansässig ist. Die CayCo erzielt sehr hohe passive Einkünfte (§ 8 Abs. 1 AStG – Umkehrschluss), die auch nicht ausgeschüttet werden. Daneben arbeitet die in Polen wohnende Paula an der Europa-Universität Viadrina in Frankfurt (Oder) als wissenschaftliche Mitarbeiterin. Andere Einkünfte erzielt sie nicht. Wie werden die Einkünfte der drei Protagonisten in Deutschland besteuert?

Doris und Dieter sind zwar unbeschränkt steuerpflichtig nach § 1 Abs. 1 S. 1 EStG; dennoch wird ihnen kein HZB hinzugerechnet. Die CayCo ist zwar eine KapGes, die in einem Niedrigsteuerland passive Einkünfte erzielt. Es liegt aber keine Deutschbeherrschung vor, denn die Beteiligungen unbeschränkt Steuerpflichtiger betragen insgesamt nicht mehr als 50 %. Damit läuft die Hinzurechnungsbesteuerung ins Leere, sofern nicht die erweiterte Hinzurechnungsbesteuerung greift (Zwischeneinkünfte mit Kapitalanlagecharakter). Das ist einfach.

Paula ist beschränkt steuerpflichtig nach § 1 Abs. 4 EStG, weil sie Einkünfte i.S.v. § 49 Abs. 1 Nr. 4 lit. a) i.V.m. § 19 Abs. 1 S. 1 Nr. 1 EStG erzielt. Art. 15 Abs. 1 S. 2 DBA D/PL weist Deutschland das Besteuerungsrecht zu und Polen stellt nach Art. 24 Abs. 2 lit. a) DBA D/PL frei. Die Besteuerung ist nach § 50 Abs. 2 S. 1 EStG mit dem LoSt-Abzug abgegolten. Sie könnte allerdings nach § 50 Abs. 2 Nr. 4 lit. b) EStG zur Veranlagung optieren. Das ist auch noch einfach.

Und jetzt wird es mit Fall 98 ernst.

Um ihre außergewöhnlichen Belastungen in Deutschland geltend zu machen, optiert Paula nach § 1 Abs. 3 EStG zur fiktiven unbeschränkten Steuerpflicht. Da sie keine nicht inländischen Einkünfte erzielt, sind die Voraussetzungen dafür erfüllt.

Das hat aber gravierende Auswirkungen auf die Hinzurechnungsbesteuerung. Eine Deutschbeherrschung liegt gem. § 7 Abs. 1 AStG vor, wenn unbeschränkt Steuerpflichtige zu mehr als 50 % an der CayCo beteiligt sind. Und nach h.M. in der Kommentarliteratur gilt § 7 Abs. 1 AStG auch für fiktiv unbeschränkt Steuerpflichtige. Damit sind die Voraussetzungen für die Hinzurechnungsbesteuerung nun für alle drei Protagonisten erfüllt. Aber es kommt noch besser.

Der HZB wird wegen § 10 Abs. 2 S. 1 AStG zu Beginn des folgenden Jahres zugerechnet. Dieter und Doris müssen ihn, wie eine Dividende i.S.v. § 20 Abs. 1 Nr. 1 EStG, aber in voller Höhe (!) versteuern.

Da der HZB jedoch nicht unter § 49 Abs. 1 Nr. 5 EStG fällt, hat Paula nun nicht inländische Einkünfte, die in Deutschland nicht besteuert werden können, sondern lediglich nach § 32b Abs. 1 Nr. 5 EStG unter Progressionsvorbehalt stehen. Damit hat Paula unsere beiden echten Steuerinländer durch die Option nach § 1 Abs. 3 EStG in die Hinzurechnungsbesteuerung getrieben, während sie selber ungeschoren bleibt.

Und jetzt wird es richtig nett. Der HZB stellt bei Paula also nicht inländische Einkünfte dar, die allerdings gem. § 10 Abs. 2 S. 1 AStG erst im nächsten Jahr berücksichtigt werden. Dann sind aber im nächsten Jahr durch den HZB ihre nicht inländischen Einkünfte vielleicht so hoch, dass sie nicht mehr nach § 1 Abs. 3 EStG zur fiktiven unbeschränkten Steuerpflicht optieren kann. Kann sie nicht optieren, liegt im nächsten Jahr auch keine Deutschbeherrschung mehr vor! Damit fallen auch Dieter und Doris im nächsten Jahr wieder aus der Hinzurechnungsbesteuerung heraus und das Spiel kann von vorne beginnen. Das ist skurril ...

Fall 99
Dreieckssachverhalt und Meistbegünstigung

Paula hat (unstrittig) ihren Lebensmittelpunkt in Polen, wo ihre Familie in einem schönen Einfamilienhaus wohnt. Da sie zurzeit für die deutsche D GmbH in Bad Reichenhall (Bayern) arbeitet, hat sie zudem eine Wohnung in Salzburg (Österreich) gemietet, von der sie täglich zur Arbeit in das nahe gelegene Bad Reichenhall pendelt. Bad Reichenhall und Salzburg sind ca. 15 km voneinander entfernt. Welcher Staat hat das Besteuerungsrecht?

Bei diesem Fall handelt es sich um einen sog. Dreieckssachverhalt, weil drei Staaten beteiligt sind. Dreieckssachverhalte können dazu führen, dass mehrere Abkommen mit sich widersprechenden Regelungen auf denselben Sachverhalt anwendbar sind. Über einen solchen Fall hat der I. Senat des BFH mit Beschluss vom 4.11.2014 (I R 19/13) entschieden. Der Fall sieht kompliziert aus. Löst man ihn aber systematisch, also erst nach nationalem Recht und dann abkommensrechtlich, ergibt sich die einfache und zugleich erstaunliche Lösung.

Dass Paula in Polen und in Österreich aufgrund ihrer Wohnsitze jeweils unbeschränkt steuerpflichtig mit ihren EanA ist, stellt keine Herausforderung dar. Sie ist zudem mit ihren inländischen EanA (§ 19 Abs. 1 S. 1 Nr. 1 EStG) in Deutschland beschränkt steuerpflichtig gem. § 1 Abs. 4 i.V.m. § 49 Abs. 1 Nr. 4 lit. a) EStG. Damit haben zunächst alle drei Staaten ein Besteuerungsrecht.

Wie Ihnen bekannt ist, erfolgt die Besteuerung von Arbeitnehmern abkommensrechtlich regelmäßig am Ort der Tätigkeitsausübung (Arbeitsortprinzip). Abweichend davon regeln einige deutsche DBA die Arbeitnehmerbesteuerung in Grenzgängerfällen so, dass das Besteuerungsrecht an den Ansässigkeitsstaat zurückfällt.

Wichtig für die Lösung ist, dass drei (!) DBA anwendbar sind:

Aufgrund des Wohnsitzes in Salzburg ist Paula in Österreich ansässig und kann somit das DBA D/A für sich in Anspruch nehmen. Dieses Abkommen enthält in Art. 15 Abs. 6 eine Grenzgängerregelung. Paula wohnt und arbeitet in der Nähe der Grenze und pendelt zudem täglich zwischen Wohn- und Arbeitsort. Als Nähe zur Grenze wird in Tz. 8 des Protokolls zum DBA D/A ein Kreis mit einem Radius von 30 km definiert. Dies wurde bereits in Fall 67 behandelt. Damit sind alle Voraussetzungen von Abs. 6 erfüllt und Art. 15 Abs. 1 DBA D/A gilt nicht. Damit mutieren die Einkünfte zu Anderen Einkünften gem. Art. 21 Abs. 1 DBA D/A. Demnach steht Österreich das alleinige Besteuerungsrecht zu. Deutschland darf also nicht besteuern.

Da sie auch in Polen einen Wohnsitz und ihren Lebensmittelpunkt hat, fällt Paula zudem unter den Abkommensschutz des DBA D/PL. In diesem DBA gibt es keine Grenzgängerregelung; daher greift das Arbeitsortprinzip. Nach Art. 15 Abs. 1 S. 2 DBA D/PL darf Deutschland als Tätigkeitsstaat besteuern und Polen muss die Einkünfte gem. Art. 24 Abs. 2 lit. a) DBA D/PL freistellen.

Aber auch das DBA PL/A ist einschlägig, weil Paula in beiden Vertragsstaaten ansässig ist. Bei Doppelansässigkeit regelt die Tie-Breaker-Rule (Art. 4 Abs. 2 DBA PL/A), in welchem der beiden Vertragsstaaten Paula als ansässig gilt. Nach Art. 4 Abs. 2 lit. a) DBA PL/A ist dies Polen (Lebensmittelpunkt). Damit ist Paula für dieses DBA eine in Polen ansässige Person, die nicht im anderen Vertragsstaat (Österreich) arbeitet. Nach Art. 15 Abs. 1 S. 1 DBA PL/A hat damit Polen das alleinige Besteuerungsrecht und Österreich darf nicht besteuern.

Das Ergebnis ist wirklich skurril:

Nach dem DBA D/A darf Deutschland nicht besteuern, nach dem DBA D/PL darf Polen nicht besteuern und nach dem DBA PL/A darf Österreich nicht besteuern. Paula fällt unter alle drei DBA und kann sich das jeweils günstigste DBA aussuchen (Meistbegünstigung) mit der Folge, dass sie weiße Einkünfte erzielt.

Die Rückfallklausel in Art. 15 Abs. 4 DBA D/A greift nicht, weil die Einkünfte dem deutschen Fiskus angezeigt wurden (vgl. Tz. 7 des Protokolls zum DBA D/A). Falls Paula die Einkünfte in Deutschland anzeigt (aber nicht besteuern lässt), sind sie in Deutschland „steuerlich erfasst". Die §§ 50d Abs. 8 und 9 EStG greifen schon deshalb nicht, weil sie eine unbeschränkte Steuerpflicht in Deutschland voraussetzen.

Skurril, aber praxisrelevant ist auch der letzte Fall.

■ Fall 100
Die doppelte Verlustnutzung

Doris betreibt in Berlin den Friseursalon „Scream Cut". Mit dem Einzelunternehmen erzielt sie erfreuliche Gewinne. Daher hat sie in Warschau und Breslau (Polen) zwei weitere Filialen eröffnet. Während die Betriebsstätte in Warschau sehr gut läuft, erzielt die in Breslau nur Verluste. Zudem beklagen sich viele Kunden in den sozialen Medien über den dortigen Service. Also begibt sich Doris regelmäßig nach Breslau, um dem Personal zu zeigen, was Berliner unter guter Kundenorientierung verstehen (Anm.: Den feinsinnigen Witz verstehen wohl nur Berliner). Ihr Anteil an den Umsätzen der Betriebsstätte ist nicht unerheblich. Kann Doris die Verluste aus der Betriebsstätte in Breslau steuerlich geltend machen?

Zunächst ist klar, dass Doris mit ihren EaGB in Deutschland der unbeschränkten Steuerpflicht unterliegt und in Polen die dortigen Betriebsstätteneinkünfte im Rahmen der beschränkten Steuerpflicht erfasst werden. Abkommensrechtlich scheint der Fall zunächst auch einfach zu sein. Doris ist in Deutschland ansässig. Ihre polnischen Betriebsstätteneinkünfte dürfen gem. Art. 7 Abs. 1 S. 2 DBA D/PL in Polen besteuert werden und Deutschland stellt sie gem. Art. 24 Abs. 1 lit. a) DBA D/PL frei. Das ist nicht spektakulär.

Allerdings enthält Art. 24 Abs. 1 lit. c) DBA D/PL, wie Sie bereits aus Fall 56 wissen, eine Aktivitätsklausel. Wenn in einer polnischen Betriebsstätte nicht ausschließlich oder fast ausschließlich aktive Betriebseinnahmen i.S.v. § 8 Abs. 1 AStG erzielt werden, wechselt Deutschland von der Freistellung- zur Anrechnungsmethode (SOC). Die Erträge aus der Betriebsstätte in Warschau sind aktiv. Es bleibt also bei der Freistellungsmethode. In Breslau gestaltet sich der Fall jedoch deutlich anders: Aufgrund ihrer umfangreichen aktiven Teilnahme an den Dienstleistungen der dortigen Betriebsstätte werden alle Einkünfte der Betriebsstätte passiviert (vgl. § 8 Abs. 1 Nr. 5 lit. a) AStG). Das finden Sie skurril? Ich auch!

Damit wechselt Deutschland bei den Betriebsstättenverlusten aus Breslau von der Freistellung zur Anrechnung. Das bedeutet, die Verluste gehen in die deutsche Bemessungsgrundlage ein und werden so mit den Gewinnen der Berliner Betriebsstätte verrechnet. Das an sich ist schon nett. Aber noch netter ist, dass die Verluste in Polen natürlich mit den Gewinnen der

Warschauer Betriebsstätte verrechnet werden. Im Ergebnis hat Doris die Verluste doppelt, in Deutschland und in Polen, geltend gemacht.

Und was passiert, wenn die Breslauer Betriebsstätte aufgrund Doris unermüdlichen Einsatzes am Kunden wieder Gewinne macht? Dann sollte sie die Arbeit ihren Mitarbeitern und Mitarbeiterinnen überlassen. Damit liegt keine schädliche Mitwirkung i.S.v. Art. 24 Abs. 1 lit. c) DBA D/PL i.V.m. § 8 Abs. 1 Nr. 5 lit. a) AStG mehr vor und Deutschland stellt die Gewinne frei. Es erfolgt also nun ein Wechsel von der Anrechnungs- zur Freistellungsmethode.

Und zum Abschluss für die Spaßbremsen: Man könnte argumentieren, dass mit dem Wechsel von der Anrechnungs- zur Freistellungsmethode ein Entstrickungstatbestand des § 4 Abs. 1 S. 3 und 4 EStG erfüllt ist. Das wurde in Fall 78 behandelt. Allerdings werden sich die stillen Reserven eines Friseursalons, der bislang nur Verluste erzielt hat, in engen Grenzen halten.

Abkürzungen

A	Österreich
Abs.	Absatz
AEUV	Vertrag über die Arbeitsweise der Europäischen Union
AG	Aktiengesellschaft
AHB	Anrechnungshöchstbetrag
Anm.	Anmerkung
AO	Abgabenordnung
Art.	Artikel
AStG	Außensteuergesetz
ATE	Auslandtätigkeitserlass
ATAD	Anti-Tax-Avoidance-Directive
BEPS	Base Erosion and Profit Shifting (Gewinnkürzung und Gewinnverlagerung; Aktionsplan der OECD)
betr.	betreffend
BFH	Bundesfinanzhof
BMF	Bundesministerium für Finanzen
BS-Erlass	Betriebsstättenerlass
BStBl.	Bundessteuerblatt
BUL	Bulgarien
BVerfG	Bundesverfassungsgericht
bzw.	beziehungsweise
CH	Schweiz
D	Deutschland
d.h.	das heißt
DBA	Doppelbesteuerungsabkommen
E	Spanien
EaGB	Einkünfte aus Gewerbebetrieb
EaKV	Einkünfte aus Kapitalvermögen
EanA	Einkünfte aus nichtselbständiger Arbeit
EaVV	Einkünfte aus Vermietung und Verpachtung
EBT	Earnings before taxes (Einkommen vor Steuern)
ESt	Einkommensteuer
EStG	Einkommensteuergesetz
EStR	Einkommensteuerrichtlinien
EU	Europäische Union
EuGH	Europäischer Gerichtshof
EWR	Europäischer Wirtschaftsraum
F	Frankreich
f.	folgende
ff.	fortfolgende
FVerlV	Funktionsverlagerungsverordnung
GbR	Gesellschaft bürgerlichen Rechts
gem.	gemäß
GmbH	Gesellschaft mit beschränkter Haftung
GewSt	Gewerbesteuer
GewStG	Gewerbesteuergesetz
ggf.	gegebenenfalls
Hs.	Halbsatz
h.M.	herrschende Meinung
HZB	Hinzurechnungsbetrag
i.d.R.	in der Regel
i.H.v.	in Höhe von
i.S.d.	im Sinne des

i.S.v.	im Sinne von
i.V.m.	in Verbindung mit
JStG	Jahressteuergesetz
JVA	Justizvollzugsanstalt
KGaA	Kommanditgesellschaft auf Aktien
KapGes	Kapitalgesellschaft
KESt	Kapitalertragsteuer
KG	Kommanditgesellschaft
KSt	Körperschaftsteuer
KStG	Körperschaftsteuergesetz
lit.	Buchstabe
LLC	Limited Liability Company (hybride Rechtsform)
LoSt	Lohnsteuer
Ltd.	Limited (entspricht einer GmbH)
Mio.	Million
MTR	Mutter-Tochter-Richtlinie
Nr.	Nummer
Nrn.	Nummern
OECD	Organisation for Economic Cooperation and Development
OECD-MA	OECD-Musterabkommen
OFD	Oberfinanzdirektion
OHG	Offene Handelsgesellschaft
PersGes	Personengesellschaft
PL	Polen
QuSt	Quellensteuer
S.	Satz
S.a.r.l.	Société à responsabilité limitée (entspricht einer GmbH)
S.A.	Spolka Akcyjna (entspricht einer AG)
S_A	Steuer im Ausland
S.C.	sociedad en comandita (entspricht einer KG)
S_I	Steuer im Inland
SOC	Switch-Over-Clause (Wechsel zur Anrechnung)
sog.	sogenannte
SolZ	Solidaritätszuschlag
SolZG	Solidaritätszuschlagsgesetz
sp.j.	spolka jawna (entspricht einer OHG)
sp.k.	spolka komandytowa (entspricht einer KG)
sp.k. Sp. z o.o.	entspricht einer GmbH & Co. KG
Sp. z o.o.	Spolka z organiczona opowiedzialnoscia (entspricht einer GmbH)
sublit.	Unterbuchstabe
TEV	Teileinkünfteverfahren
Tz.	Textziffer
UK	Großbritannien
USA	Vereinigte Staaten von Amerika
USt	Umsatzsteuer
usw.	und so weiter
vgl.	vergleiche
z.B.	zum Beispiel
ZLR	Zins- und Linzenzrichtlinie
zvE	zu versteuerndes Einkommen

²/₅-Regel 18 f., 28, 124, 142
183-Tage-Regel 97, 100 ff.

A
Abfindung 30, 33 f., 98 ff.
abkommensautonome
 Auslegung 69, 81, 84, 129
abkommensrechtliches
 Schachtelprivileg 72, 74, 127 f.
abschließende Rechtsfolge 69, 79
Abzug auf Antrag 38, 58
Abzugsmethode 45
Abzug von Amts wegen 38, 49 f.
aktive Einkünfte 89, 92 ff., 96
aktive Tätigkeit 95
Aktivitätsklausel 89 ff., 138, 155 f.
Andere Einkünfte 73, 76, 79, 86, 160
anrechenbare Steuern 40, 42, 44
Anrechnung bei
 Kapitaleinkünften 52
Anrechnung im TEV 53 f.
Anrechnungshöchstbetrag 39, 42 f.
Anrechnungsmethode 39, 41, 43, 70, 84, 94 f., 108, 127, 156
Anrechnungsüberhang 44 f., 47, 53 f., 57
abkommensrechtliche
 Ansässigkeit 67, 76, 161
Ansässigkeitsbescheinigung 74, 77
Ansässigkeitsstaat
 66, 70, 72, 74 ff., 77, 80 ff., 97, 100 ff., 104 ff., 114 f., 130, 132, 134, 139, 141, 145 ff., 159
Arbeitnehmerfreizügigkeit 137 ff.
Arbeitsortprinzip
 30, 35, 97, 100, 133, 159 f.
ATAD 149 ff., 156

atypisch stille Beteiligung 20, 127
Auffangnorm 73, 76, 79
Aufstockungsbetrag 154
Ausgleichsposten 117
ausländische Einkünfte 37, 40 ff., 50, 54, 57, 61, 70, 91, 112
Auslandstätigkeitserlass 38, 51, 62 ff.
außergewöhnliche Belastungen 15, 32, 53, 102 f., 140 f., 158

B
Basisgesellschaft 152 ff.
begrenzte Anrechnung 39, 41, 53
begünstigte Tätigkeit 51, 63 f.
Belegenheitsstaat 80 ff., 94 ff., 104 ff., 117, 139
BEPS 149
BEPS-Umsetzungsgesetz 99
Beteiligungserträge 28, 55, 144
Betriebsaufspaltung 26 f.
Betriebsstätteneinkünfte 25, 28 f., 39 ff., 57, 80 ff., 116, 138, 153, 155 f., 161
Betriebsstättenverluste 56 ff., 90 ff., 139, 161
Betriebsstättenvorbehalt 80, 84 ff.

C
Check-the-Box-Verfahren 11
Cross-Border 73, 86, 88, 145

D
Deutschbeherrschung 157 f.
deutsche DBA-
 Verhandlungsgrundlage 65
Dienstleistungsfreiheit 137

Sachregister

dingliche Sicherung
    16, 21, 77, 113, 148
direkte Anrechnung 39
direkte Steuer 136 f., 143
Doppelansässigkeit 67 ff., 160
Doppelbesteuerungsabkommen
    7, 20, 37, 63, 65 ff., 103
doppelter EWR-Bezug
    15, 32, 78, 98
Drittstaaten
    31, 49, 56, 92, 137, 139
Durchschnittssteuersatz
    43, 54, 70, 91, 96

E

Einmalbesteuerung
    132 ff., 143, 147
Erlass 9 ff., 36, 38, 50 f., 60, 62 ff.
erweiterte beschränkte
  Steuerpflicht 111 ff.
EuGH-Verfahren 138
EU-Richtlinien
    137, 143, 145, 147, 149, 156
Europäischer
  Wirtschaftsraum 15
Europarecht 103, 136 ff.
EWR-Bürger
    15, 23, 32 f., 78, 115, 142
EWR-Staaten 56, 92 f., 155
Expat 62, 122, 132

F

Ferienwohnung 21, 106
fiktive unbeschränkte
  Steuerpflicht 141, 158
Finalität 141
Freistellungsmethode
    51, 70 f., 75, 92, 161 f.
funktionaler
  Zusammenhang 29, 80, 86

funktionale Zugehörigkeit 50
Funktionsverlagerung 111 f., 118 ff.

G

Geltungsbereich 66, 68
Geschäftsführer
    18, 25, 30, 35, 75, 98, 146
Geschäftsführung 10, 18, 60
Geschäftsleitungsbetriebsstätte
    18, 107
Gesellschaftsvertrag 10 f., 60
gewerbliche Ausrüstung 78
gewerbliche Prägung 26, 83
Gewinnchancen 118
GmbH & atypisch Still 20, 127
graue Einkünfte 122 f., 131 f.
Grenzgängerregel
    97, 101 ff., 139 f., 159
Grundbuch 21
Grundfreibetrag 15, 140 f.
Grundfreiheiten 138 ff.
Grundschuld 21
Günstigerprüfung 53

H

Haftung 59
Hinzurechnungs-
  besteuerung 150, 152 ff.
Hinzurechnungsbetrag 153
hybride Gesellschaften 67
hybride Gestaltung 149 ff.

I

Impats 30 f.
Inboundfälle 16 f., 20 ff., 36, 41,
    62, 80, 84, 122, 128, 132
indirekte Anrechnung
    39, 54, 61, 145
Informationsaustausch 152

intransparente
PersGes 56, 59, 109
isolierende Betrachtungsweise
 16, 21 f., 26

K

Kapitalverkehrsfreiheit 137 f., 142
Kaskadeneffekt 144
KGaA 61
Klausel für
 Sondervergütungen 132
Konsultationsvereinbarung 99
Konsultationsvereinbarungs-
 verordnung 99
künstliche Gestaltungen 126, 155

L

Lidl Belgium 138 f.
Lizenzgebühren 48, 77 ff., 127
LLC-Schreiben 9, 11, 59 f.
LoSt-Abzug 32 f., 99, 140, 157
LoSt-Abzugsmerkmal 32

M

Methodenartikel 66, 69,
 72, 75, 81, 84, 90, 99
Mitunternehmeranteile 58, 82
Montagebetriebsstätte 68
Mutter-Tochter-Richtlinie 145

N

negativer Progressions-
 vorbehalt 92, 95
Niederlassungsfreiheit 137 ff., 155

O

OECD-MA 7, 65
offene Rechtsfolge 69, 81
Organschaft 161
Outboundfälle 7, 37, 84, 123

P

passive Betriebsstätten-
 verluste 93, 95 f., 155
passive Infizierung 90
passive Einkünfte 97, 153, 157
passive Tätigkeit 95
Pauschalierung 38, 49, 146 f.
Pauschalierungserlass 38, 49
Per-Country-Limitation 38, 44 f.
Primärrecht 136 f.
Privatvermögen 17
Profifußballerin 35, 62
Progressionsvorbehalt
 30 ff., 51, 64 ff., 70, 81 ff., 91 ff.,
 99, 118, 132 ff., 141, 158
Prokurist 30, 35

R

Rechtstypenvergleich 11, 59, 67

S

Sachinbegriffe 78
Schachtelbeteiligung 80
Schachteldividende
 72 ff., 90, 123 f., 126
schlechte Einkünfte 56, 94
Schumacker-Doktrin 139 f., 142
Schumacker-Fall 140
Sekundärrecht 136
Sonderausgaben
 15, 32, 52, 104, 140 ff.
Sondervergütungen
 123 f., 129, 133
Spezialitätsgrundsatz 130 f.
Spezialitätsprinzips 85
Splitting-Effekt 70
Splittingtarif 15
Stammhaus
 10, 31, 57, 86, 93, 118, 159
Steuerabzug 13 f.

Steuerentstrickung 111, 114 ff., 162
Steuerhinterziehung 21, 123, 133 f., 149 f., 152, 161
Steueroase 113 ff., 150
Stundung der Steuer 113, 117
Subject-to-tax-clause 133 ff.
Switch-Over 128, 153
Switch-Over-Clause 90, 94
Symmetriethese 96, 139

T

tatsächliche Geschäftsleitung 76
Territorialprinzip 7
Tie-Breaker-Rule 68 f., 75, 161
Transferpaket 120 ff.
Transparenzprinzip 68, 91
Treaty-Override 123, 128, 132 f., 135
Treaty-Shopping 123 f., 126
typisch stille Beteiligung 20

U

Umwandlung 113 f., 122
unilaterale Maßnahmen 37, 49
Unternehmensgewinne 80 f., 83 f.
Urlaubsunterbrechung 64

V

Veranlagung 9, 13 ff., 29, 33, 99, 130, 140, 148, 157
Veräußerung einer Betriebsstätte 107
Veräußerung einer Immobilie 108
Veräußerung einer Mitunternehmerschaft 108
Veräußerung eines Mitunternehmeranteils 107
Veräußerungsvorgänge 106
Veräußerung von Anteilen an einer KapGes 110, 116
Verfügungsmacht 12
Verlustzuweisung 58 f., 92, 94 f.
vermögensverwaltende KG 83, 109
vermögensverwaltende PersGes 82
Vermögensverwaltung 22 f., 25, 78, 82
Verständigungsverfahren 112, 117, 131
Verteilungsnorm 67, 69 ff., 79
Vertrag von Lissabon 136 f., 142
Verwertung im Inland 31
Vorstand 30, 35

W

Warenverkehrsfreiheit 137
Wegelagersteuer 53 f., 74, 146
Wegzugsbesteuerung 113, 115 f.
weiße Einkünfte 108, 134 f., 160 f.
Welteinkommensprinzip 7, 36, 40, 62 ff., 108, 119, 152

Z

Zahlstelle 14, 149 ff.
Zentralfunktion des Stammhauses 86, 159
Zinsinformations-verordnung 149 f.
Zins- und Lizenzrichtlinie 143, 147
Zurechnungskonflikte 55, 58
Zurechnungsprobleme 55
Zwischeneinkünfte mit Kapitalanlagecharakter 153, 155 ff.
Zwischengesellschaft 152 ff.

leicht gemacht ®

Die Besteuerung der GmbH – *leicht gemacht* ®

Die Steuern der GmbH inkl. UG, Ltd und ihrer Gesellschafter
von Steuerberater Reinhard Schinkel

Folgen Sie einem erfahrenen Steuerberater auf dem Weg durch die Besteuerung einer GmbH. Aus dem Inhalt:

- Einkommensermittlung und Gewinnausschüttung
- Einlagen, Betriebsausgaben und Spenden
- Ausländische Einkünfte und Verlustabzug
- Gewerbesteuer, Umsatzsteuer und Lohnsteuer
- Praxistipps und Problemlösungen

Ein Lehrbuch und Nachschlagewerk für Studierende und Praktiker. Unverzichtbar auch für GmbH-, UG- und Ltd-Geschäftsführer.

Die Besteuerung der Personengesellschaften – *leicht gemacht* ®

Die Steuern der GbR, OHG, KG, GmbH & Co. KG und ihrer Gesellschafter
von Steuerberater und Ökonom Dr. Jörg Drobeck

Ein erfahrener Steuerberater vermittelt mit großer Sachkenntnis die Besteuerung von Gesellschaft und Gesellschaftern. Aus dem Inhalt:

- Steuerliche Grundlagen und Rechtsformen
- Einkünftezurechnung und Mitunternehmerschaft
- Betriebsvermögen und Gewinnermittlung
- Steuerliche Gewinn- und Verlustverteilung
- Hinweistipps und Problemlösungen

Das Lehrbuch und Nachschlagewerk für Studierende und Praktiker. Unverzichtbar auch für interessierte Gesellschafter und Geschäftsführer.

leicht gemacht ®

Erbschaftsteuer – *leicht gemacht* ®

Erbschaftsteuer – Schenkungsteuer – Bewertungsrecht
Steuerberater Dipl.-Ök. Dr. Jörg Drobeck

In leicht verständlicher Weise vermittelt der Verfasser die verschlungene Materie der drei Schwestern Erbschaftsteuer, Schenkungsteuer, Bewertungsrecht:

- Erwerbe von Todes wegen
- Freigebige Zuwendung unter Lebenden
- Sachliche- und persönliche Steuerpflicht
- Vermögensanfall, Bereicherung, Festsetzung
- Bewertung, Immobilien, Betriebsvermögen

Ein Lehrbuch nicht nur für Kandidaten des Steuerberaterexamens, sondern auch für Studierende, Praktiker und Interessierte.

Klausuren im Steuerrecht – *leicht gemacht* ®

Arbeitstechniken und Lösungshinweise für die optimale Vorbereitung
von Steuerberater Reinhard Schinkel

Ein erfahrener Steuerberater und Coach vermittelt das Handwerkszeug, steuerrechtliche Prüfungen besser zu bestehen. Keine Aufgabensammlung! Im Gegenteil:

- Techniken und Strukturen
- Aufbau- und Lösungshinweise
- Motivationen und Lernformen.

Das Buch, um sich optimal auf die schriftlichen Prüfungen vorzubereiten. Angenehm didaktisch aufgebaut und strukturiert mit Leitsätzen, Übersichten und Prüfschemata.

leicht gemacht ®

EÜR – *leicht gemacht* ®

Die Einnahme-Überschuss-Rechnung für Studium und Praxis
von Reinhard Schinkel, Steuerberater

In leicht verständlicher Weise erläutert ein erfahrener Steuerberater die Einnahme-Überschuss-Rechnung. Aus dem Inhalt:

- Gewinnermittlung und Betriebsvermögen
- Einlagen und Entnahmen
- Betriebseinnahmen und Eigenverbrauch
- Betriebsausgaben und Anlagevermögen
- Abschreibungen und Rücklagen

Das EÜR-Lehrbuch mit Praxisanspruch. Für Studierende und Steuerfachangestellte, aber zugleich auch für Selbstständige und Unternehmer.

Mit Extra-Register zum Ausfüllen der Anlage EÜR.

Körperschaftsteuer – *leicht gemacht* ®

Das KStG-Lehrbuch: Übersichtlich – kurzweilig – einprägsam
Rechtsanwältin, Fachanwältin für Steuerrecht Annette Warsönke

Dieses Buch vermittelt in leicht verständlicher und bewährt fallorientierter Weise Grundlagen und Systematik der Körperschaftsteuer. Aus dem Inhalt:

- Steuerermittlung und Steuerbefreiungen
- Gewinnausschüttungen, Einlagen und Aufwendungen
- Beteiligungen, Verlustabzüge und Zinserträge
- Organschaft und Liquidation

Der schnelle Zugang zur Einkommensbesteuerung von Körperschaften, Personenvereinigungen und Vermögensmassen.

Mit 12 Leitsätzen und 14 Übersichten.

leicht gemacht ®

Steuerbilanz – *leicht gemacht* ®

Eine Einführung nicht nur für Studierende an Universitäten, Hochschulen und Berufsakademien

von Professor Dr. Stephan Kudert und Professor Dr. Peter Sorg

In leicht verständlicher, bewährt fallorientierter Weise erläutern zwei erfahrene Professoren das Steuerbilanzrecht. Insbesondere:

- Alle Positionen der Steuerbilanz
- Sonder- und Ergänzungsbilanzen
- Schuldrechtliche Beziehungen zwischen Gesellschaft und ihren Gesellschaftern
- Gesellschafter- und Rechtsformwechsel

Eine unerlässliche Lernhilfe für die Steuerbilanzklausur der Wirtschafts- und Rechtswissenschaftler, der Kandidaten des Steuerberaterexamens, aber auch Beistand im Berufsalltag.

Die Besteuerung von Umwandlungen – *leicht gemacht* ®

Das Umwandlungssteuergesetz für Studium und Praxis

von Professor Dr. Axel Mutscher LL.M. und Andreas Benecke LL.M.

Umwandlungen sind wichtige Instrumente, um Unternehmen der Entwicklung anzupassen, Transaktionen zu ermöglichen oder Haftungsrisiken zu isolieren. Die erfahrenen Verfasser vermitteln in leichter, fallorientierter Weise das entsprechende Umwandlungssteuergesetz. Aus dem Inhalt:

- Verschmelzung, Übertragung, Formwechsel
- Aufspaltung, Abspaltung, Ausgliederung
- Anteilseinbringung, Anteilstausch, Einlagen
- Gesamtrechtsnachfolge, internationale Bezüge

Mit seiner klaren Systematik ein überzeugendes Lehrbuch für Studium und Berufspraxis.

leicht gemacht ®

Rechnungswesen – *leicht gemacht* ®

Buchführung und Bilanz nicht nur für Juristen, Betriebs- und Volkswirte an Universitäten, Hochschulen und Berufsakademien

von Professor Dr. Stephan Kudert und Professor Dr. Peter Sorg

In leicht verständlicher, bewährt fallorientierter Weise erläutern zwei erfahrene und kompetente Professoren den Weg zu Buchführung und Bilanz:

- Doppelte Buchführung
- Handelsrechtlicher Jahresabschluss
- Europäisierung und Globalisierung

Der Band ist eine unerlässliche Lernhilfe für die Klausur im Rechnungswesen der Wirtschafts- und Rechtswissenschaftler, aber ebenso Beistand im Berufsalltag.

Übungsbuch Rechnungswesen – *leicht gemacht* ®

Lernziele, Übungen, Lösungen

von Professor Dr. Stephan Kudert und Professor Dr. Peter Sorg

Zwei erfahrene und kompetente Professoren stehen Ihnen zur Seite. Hier finden Sie:

- Klare Lernziele anfangs jeder Lektion
- Umfassende Leitsätze als Lerngrundlage
- Kontrollfragen mit verständlichen Antworten
- Übungsaufgaben nebst konkreten Lösungen

Das methodisch-didaktische Übungsbuch zum Band „Rechnungswesen – *leicht gemacht*®".

Die ideale Prüfungsvorbereitung.

leicht gemacht ®

Steuerrecht – *leicht gemacht* ®

Eine Einführung nicht nur für Studierende an Universitäten, Hochschulen und Berufsakademien
von Professor Dr. Stephan Kudert

Ein erfahrener Universitätsprofessor vermittelt dieses verständlich und fallorientiert. Aus dem Inhalt:

- Einkommensteuer
- Körperschaftsteuer
- Gewerbesteuer
- Umsatzsteuer
- Internationale Bezüge

Die kurze und präzise Erläuterung der Grundzüge. Eine unerlässliche Lernhilfe für die Steuerklausur sowie Beistand in Beruf und Alltag.

Gesellschaftsrecht – *leicht gemacht* ®

Das Recht der Personen- und Kapitalgesellschaften für Studierende an Universitäten, Hochschulen und Berufsakademien
von Richter am AG Robin Melchior

In bewährt fallorientierter Weise vermittelt ein erfahrener Richter die juristischen Grundlagen. Aus dem Inhalt:

- Personengesellschaften (GbR, OHG, KG ...)
- Kapitalgesellschaften (GmbH, UG, AG ...)
- juristische Personen (Verein, VVaG, Stiftung ...)
- europäische Rechtsformen (SE, EWIV, SCE ...)
- Zweigniederlassungen, Konzerne, Umwandlungen

Ein Lehrbuch, das die sprichwörtlichen sieben Siegel des Gesellschaftsrechts löst.

Ihr Plus: 32 Übersichten und 5 Prüfschemata.

leicht gemacht ®

Kostenrechnung – *leicht gemacht* ®

Kosten- und Leistungsrechnung nicht nur für Juristen, Betriebs- und Volkswirte an Universitäten, Hochschulen und Berufsakademien
von Professor Dr. Stephan Kudert und Professor Dr. Peter Sorg

In leicht verständlicher, bewährt fallorientierter Weise erläutern zwei erfahrene und kompetente Professoren die Kostenrechnung für Studium und Praxis. Aus dem Inhalt:

- Grundbegriffe und Grundlagen
- Kostenarten-, Kostenstellen- und Kostenträgerrechnung
- Teilkostenrechnung / Deckungsbeitragsrechnung
- Normal- und Plankostenrechnung
- Prozesskostenrechnung und Target Costing

Eine unerlässliche Lernhilfe für die Kostenrechnungsklausur sowie Unterstützung im Beruf und Alltag. Die ideale Prüfungsvorbereitung.

IFRS – *leicht gemacht* ®

Eine Einführung in die International Financial Reporting Standards
von Professor Dr. Stephan Kudert und Professor Dr. Peter Sorg

Hier werden die International Financial Reporting Standards in leicht verständlicher und bewährt fallorientierter Weise dargestellt:

- Rechnungslegung und Abschluss nach IFRS
- verbundene und kapitalmarktorientierte Unternehmen
- Erstbewertung und Folgebewertung
- Bilanzierung von Aktiva und Passiva
- Finanzinstrumente und Leasingverhältnisse

Eine unerlässliche Lernhilfe für die Rechnungswesen- und Steuerklausuren, aber ebenso Beistand im Berufsalltag.

leicht gemacht ®

Einkommensteuer – *leicht gemacht* ®

Übersichtlich – kurzweilig – einprägsam
von Rechtsanwältin, Fachanwältin für Steuerrecht Annette Warsönke

Hier vermittelt eine erfahrene Steueranwältin die Grundlagen der Lohn- und Einkommensteuer. Aus dem Inhalt:

- Steuerpflichten und Steuerbefreiungen
- Sonderausgaben und Verlustausgleiche
- Veranlagungen und Steuerermäßigungen
- Bewertungsgrundsätze und AfA
- Gewinneinkünfte und Überschusseinkünfte

Ein Erfolgslehrbuch. Es überzeugt durch eine klare Sprache, die durchdachte Strukturierung und viele Beispielfälle.

Körperschaftsteuer – *leicht gemacht* ®

Das KStG: Übersichtlich – kurzweilig – einprägsam
von Rechtsanwältin, Fachanwältin für Steuerrecht Annette Warsönke

Dieses Lehrbuch vermittelt in leicht verständlicher und bewährt fallorientierter Weise Grundlagen und Systematik der Körperschaftsteuer. Aus dem Inhalt:

- Steuerermittlung und Steuerbefreiungen
- Gewinnausschüttungen, Einlagen und Aufwendungen
- Beteiligungen, Verlustabzüge und Zinserträge
- Organschaft und Liquidation

Der schnelle Zugang zur Einkommensbesteuerung von Körperschaften, Personenvereinigungen und Vermögensmassen.
Mit 12 Leitsätzen und 14 Übersichten.

leicht gemacht ®

BGB – *leicht gemacht* ®

Die erfolgreiche BGB-Prüfung. Eine Einweisung nicht nur für Juristen, Betriebs- und Volkswirte

von Notar Dr. Heinz Nawratil

Eines der erfolgreichsten Bücher zur Einführung in das Bürgerliche Recht:

- Generationen von Jurastudenten haben den Einstieg in das Fach gefunden
- Generationen Wirtschaft-Studierender wurden zur erfolgreichen BGB-Prüfungen geführt

Frisch und witzig, mitreißend und anregend geschrieben. Erscheint bereits in über 30 Auflagen mit mehr als 1 Million verkauften Exemplaren!

HGB – *leicht gemacht* ®

Das Wichtigste aus Handels-, Gesellschafts- und Wertpapierrecht für Juristen, Volks- und Betriebswirte

von Notar Dr. Heinz Nawratil

Sehr lebendig und konzentriert auf das Wesentliche führt hier der Erfolgsautor zum Standard-Prüfungswissen. Aus dem Inhalt:

- Kaufmann und Firma
- Handlungsvollmacht und Prokura
- OHG, KG und Aktiengesellschaft
- Handelsgeschäfte und Wertpapiere
- Lerntipps und Klausuraufbau

Der Lernklassiker für alle, die sich zum ersten Mal mit Handelsrecht beschäftigen. Ideal auch zur Wiederholung und Prüfungsvorbereitung.

leicht gemacht ®

Arbeitsrecht – *leicht gemacht* ®

Eine Darstellung mit praktischen Fällen:
Verständlich – kurz – praxisorientiert
von Richter am AG Peter-Helge Hauptmann

Hier vermittelt ein erfahrener Richter unser Arbeitsrecht lebendig und verständlich mit praxisnahen Beispielen. Aus dem Inhalt:

- Einstellung, Arbeitsvertrag, Pflichten
- ordentliche und außerordentliche Kündigung
- Betriebsrat, Gewerkschaften, Arbeitgeber

Ein Erfolgsbuch. Eingängig strukturiert durch Leitsätze und Übersichten werden Grundlagen, Basiswissen und mehr erläutert. Mit konkreten Prüfschemata für die ordentliche und außerordentliche Kündigung.

BetrVG – *leicht gemacht* ®

Das Betriebsverfassungsgesetz: Verständlich – kurz – praxisorientiert
von Rechtsanwalt und Fachanwalt für Arbeitsrecht Arno Schrader

Hier wird das Betriebsverfassungsgesetz mittels vieler Beispiele, Übersichten und Leitsätze lebendig und verständlich dargestellt. Aus dem Inhalt:

- Wahl des Betriebsrats
- Rechte und Pflichten des Betriebsrats
- Einstellungen, Versetzungen, Kündigungen
- Betriebsvereinbarungen
- Arbeitsgericht und Einigungsstelle

Serviceteil: Ablaufschema Betriebsratswahl, Rechte des Betriebsrats in 7 Übersichten.

leicht gemacht ®

Umsatzsteuer / Mehrwertsteuer – *leicht gemacht* ®

Eine Darstellung der Zwei-Namen-Steuer für Studierende und Praktiker

von Steuerberater und Betriebswirt Stefan Mücke

Ein erfahrener Steuerberater steht Ihnen zur Seite. Aus dem Inhalt:

- Leistung und Lieferung
- Unternehmerstatus und Vorsteuerabzug
- Steuersatz und Steuerfreie Umsätze
- Inland und Export

Eine fallorientierte Erläuterung von System und Umsetzung mit konkreten Hinweisen zur Handhabung.

Das Plus: 49 Leitsätze und 35 Übersichten.

Gewerbesteuer – *leicht gemacht* ®

Übersichtlich – kurzweilig – einprägsam

von Rechtsanwältin und Betriebswirtin Kerstin Schober

Das vorliegende Buch erläutert in unterhaltsamer Form das Gewerbesteuergesetz und seine Anwendung. Aus dem Inhalt:

- Ermittlung der Bemessungsgrundlage
- Hinzurechnungen und Kürzungen
- Interessante Verlustnutzungen
- Ermittlung der Steuerbelastungen
- Sonderfälle und Abgrenzungsfragen

Die umfassende Darstellung, eine verständliche Sprache sowie viele praktische Fälle machen dieses Lehrbuch zu einer unerlässlichen Hilfe in Studium und Praxis.

leicht gemacht ®

Abgabenordnung – *leicht gemacht* ®

Abgabenordnung und Finanzgerichtsordnung für Praktiker und Studierende an Universitäten, Hochschulen und Berufsakademien

von Rechtsanwältin, Fachanwältin für Steuerrecht Annette Warsönke

Die Abgabenordnung stellt die Spielregeln im Finanzverfahren auf und hat als „Grundgesetz des Steuerrechts" Einfluss auf alle Steuergesetze. Im Einzelnen:

- Steuerverwaltungsakte, Rechtsbehelfsverfahren
- steuerliche Nebenleistungen, Verfahrensgrundsätze
- Fristberechnung, Verjährung, Haftung
- Außenprüfung, Steuerstrafrecht, Vollstreckung

Das Buch gibt in leicht verständlicher und bewährt fallorientierter Weise einen Überblick über Systematik und Grundlagen dieses Rechtsgebietes.

Steuerstrafrecht – *leicht gemacht* ®

Das Recht der Steuerstraftaten: Verstoß – Verfolgung – Verteidigung

von Rechtsanwältin, Fachanwältin für Steuerrecht Annette Warsönke

Hier vermittelt eine erfahrene Fachanwältin verständlich und präzise das Recht der Steuerstraftaten. Aus dem Inhalt:

- Steuerverkürzung und Steuerhinterziehung
- Bußgeldverfahren und Strafverfahren
- Verfahrensgrundsätze und Strafzumessung
- Selbstanzeige und Strafbefreiung
- Durchsuchung und Sofortmaßnahmen

Ein Lehrbuch für steuerberatende Berufe, Finanzbehörden und Verteidiger. Unentbehrlich für Einarbeitung und Eilentscheidungen.

leicht gemacht ®

Die Besteuerung von Kapitalanlagen –
leicht gemacht ®

Eine Einführung für Studierende, Berater und Anleger
von Professor Dr. Christian Möller, LL. M.

Ein erfahrener Professor vermittelt verständlich die Besteuerung von Kapitalerträgen. Aus dem Inhalt:

- Abgeltungsteuer, Kapitalertragsteuer, Quellensteuer
- Sparbücher, Aktien, Investmentfonds
- Darlehn, Lebensversicherungen, Renten
- GmbH-Beteiligungen, Anleihen, Genussrechte
- Freistellung, Verlustverrechnung, Auslandserträge

Die präzise Erläuterung der nationalen und internationalen Aspekte. Ein Beistand für Studium, Beruf und private Anlage.

Die Steuer der Immobilien – *leicht gemacht* ®

Haus- und Grundeigentum im Steuerrecht
von Dipl.-Kff., Dipl.-Betriebsw. Kerstin Schober

Eine erfahrene Steuerberaterin löst die steuerlichen Fragen vom Eigenheim bis zur Bewirtschaftung von Großobjekten:

- Anschaffung, Errichtung, Modernisierung
- Einkünfte, Liebhaberei, Vermietung
- Veräußerung, Handel, Schenkung
- Umsatzsteuer, Gewerbesteuer, Erwerbsteuer
- Grundsteuer, Erbschaftsteuer u.v.m.

Das Lehrbuch für Haus- und Grundeigentum. Unverzichtbar für alle Lernenden in der Immobilienwirtschaft, zudem ein Handbuch für Interessierte und Engagierte.

Blaue Serie

Kudert
Steuerrecht – leicht gemacht
Das deutsche Steuerrecht

Kudert
Int. Steuerrecht – leicht gemacht
Grenzüberschreitende Aktivitäten

Warsönke
Einkommensteuer – leicht gemacht
Das EStG-Lehrbuch

Mücke
Umsatzsteuer / Mehrwertsteuer – leicht gemacht
Für Studierende und Praktiker

Schober
Gewerbesteuer – leicht gemacht
Systematisch – präzise – verständlich

Drobeck
Erbschaftsteuer – leicht gemacht
Erbschaft- und Schenkungsteuer

Warsönke
Abgabenordnung – leicht gemacht
Das ganze Steuerverfahren

Warsönke
Körperschaftsteuer – leicht gemacht
Die Besteuerung juristischer Personen

Schinkel
EÜR – leicht gemacht
Einnahme-Überschuss-Rechnung

Warsönke
Steuerstrafrecht – leicht gemacht
Verstoß, Verfolgung, Verteidigung

Schinkel
Klausuren im Steuerrecht – leicht gemacht
Techniken und Methoden

Schinkel
Die Besteuerung der GmbH – leicht gemacht
Das GmbH-Steuerlehrbuch

Drobeck
Die Besteuerung der Personengesellschaften – leicht gemacht
GbR, OHG, KG, Gesellschafter ...

Möller
Die Besteuerung von Kapitalanlagen – leicht gemacht
Zinsen, Aktien, Fondserträge ...

Schober
Die Steuer der Immobilien – leicht gemacht
Anschaffen, Vermieten, Veräußern ...

Mutscher/Benecke
Die Besteuerung von Umwandlungen – leicht gemacht
Das Umwandlungssteuergesetz

Kudert/Sorg
Steuerbilanz – leicht gemacht
Die steuerlichen Grundsätze

Kudert/Sorg
Rechnungswesen – leicht gemacht
Buchführung und Bilanz

Kudert/Sorg
Übungsbuch Rechnungswesen – leicht gemacht
Lernziele, Übungen, Lösungen

Kudert/Sorg
Kostenrechnung – leicht gemacht
Kosten- und Leistungsrechnung

Kudert/Sorg
IFRS – leicht gemacht
Int. Financial Reporting Standards

In regelmäßigen Neuauflagen
www.leicht-gemacht.de